ブランディングが9割

なぜか小さい会社でも勝てる
不思議なカラクリ

Effective branding leads a small company to success.

Otohata Mitsuo
乙幡満男

青春出版社

はじめに

「それ、ブランドの力を借りれば、もっと高く売れるのに！」

今まで私が何百社ものメーカーと仕事をし、様々な商品を見てきた中で、幾度となく思ってきたことです。

日本のメーカーは本当に優秀で、技術や製品の素晴らしさに唸《うな》らされることがよくあります。ところが、いざ商品として何かを売り出すとなると、その素晴らしさや凄さがお客さんにきちんと伝わっておらず、「もったいない」と感じることも珍しくありません。

しかも現代では、全般的に商品のグレードは高くなり、「いいモノ」であることはほとんど当たり前となりました。モノの品質の「差」が小さくなって、さらに質を上げたり、価格を抑えたりするだけでは、もはや売上を伸ばすことが難しくなっているのです。

そこで必要なのが、「ブランド力」を高めることです。

中身がまったく同じで、価格も同じ。一方はよく知っている、イメージのいいブランドの商品で、もう一方はよく知らない、ブランドのない商品。

この2つが並んでいる場合、あなたはどちらを買うでしょうか？

よほどのことがなければ、9割の人が前者を選ぶと思います。

安心できるとか信頼できるなど、理由はいろいろあると思いますが、いずれにしても、前者を選んだのは、ブランドのある方に「価値」があると認めたからではないでしょうか。


では、この「価値」とはいったい何なのか——そこに、ブランドを築くうえでの秘密があります。そこを紐解いて丁寧に構築することで、ブランド力を高めることができるのです。

わかりやすく言うと、100点の実力を持つ商品が50点にしか見られていないときに、100点以上に見てもらう工夫をするのがブランディング、といったところです。

中身はまったく同じ商品なのに、ブランドと訴求（販売や広告などでの打ち出し方）を変えて「価値」をしっかりと伝えただけで、売上が何倍も伸び、販売単価も上がったという商品が実際にあります。私自身、仕事をする中でそのような体験をしてきました。


「人は見た目が9割」と言う人がいますが、もともと中身が良かったのが上手に伝わっていなかったところ、デザインを変え、ブランドを変えたら売上が上昇したということは、「ブランディングが9割」と言ってもいいはずです。

しかし「ブランディング」と言うと、「費用がかかる」「難しそう」「すぐに結果が出ない」……こんなイメージを持つ人が多いのも事実です。規模の小さい会社ほど、「ブランディングは大企業が行うもので、儲けにつながらない」と考えがちです。

また、ブランディング関連の本には大企業の事例が必ずと言っていいほど出てきて、「どこか違う世界」と思う方もいるようですが、ブランディングには「こうするとうまくいく」という定石《じょうせき》があります。ポイントをおさえれば、小規模・小予算でも、ブランド戦略を構築し実践することで、売上を増やすことはできるのです。

それでは実際に、どうやってブランドをつくり、広めていけばいいのか？

ブランディングに関する本はいろいろあるものの、一連の流れについてわかりやすく書かれたものが意外と見当たらず、「それならば自分で書いてしまおう」と思ってまとめたのが本書です。

ドラッカーのマネジメント理論やアーカーのブランド理論、コトラーのマーケティング理論といったスタンダードな理論をもとに、「デザイン思考」の考え方を若干取り入れつつ、私自身が実践して成功したブランディングのエッセンスを取り入れました。

わかりやすく学びながら簡単にブランディングが実践できるよう、また、途中で飽きることのないよう、読みものとしての面白さも意識し、具体的な事例を紹介しながら展開しています。

結果、中小企業の経営者や事業部長、あるいは彼らから命を受けた担当者はもちろん、知識・教養としてブランディングを知っておきたいというビジネスパーソンにも、役立てていただける内容になったかと思います。

実は、この本を誰に一番読んでほしいかというと、「ブランディングの仕事を始めた頃の自分自身」というのが正直なところです。当時、本書があれば、どれだけ楽に仕事を進められたことか……。そう思えてなりません。

ブランディングの本というと、企業（コーポーレート）ブランディングの本が多いのですが、本書は実際の商品やサービスのブランディングを軸にしているので、「ブランドマーケティング」という呼び方が近いかもしれません。そのような内容にしたのは、「いかにブランドの力で（価格を）高くできるか」が重要だと考えているからです。

日本では、「儲けること」は好ましくないことのように思われる節がありますが、そんなはずはないと、多くのビジネスパーソンが実感しているのではないでしょうか。儲けることができず、次々と企業が倒産してしまう方が、社会にとってはよほど「悪」のように感じられます。

本書が発売される2020年6月には、新型コロナウイルス禍に直面して戸惑っておられる方も多いことと思いますが、そのような非常時に、資金不足でたちまち倒産してしまったらどうでしょう。困るのは債権者だけではありません。その商品やサービスを必要としていた顧客や、忠誠を尽くしてきた従業員、あるいは地域社会にまで影響が及ぶこともあるでしょう。

そうした非常時に重要なことは、時代の波に流されるのではなく、底流の大きな流れを捉え、先手を打って波に乗ることです。

たとえ値段が高くても、人は意味の感じられる「価値」には対価を支払います。企業にとって重要なことは、その「価値」をしっかり築き、収益を上げていくことです。そしてその「価値」は、ブランドによって築くことができるのです。

ブランド力のある企業は「見えない価値」を築き、収益を上げているからこそ、このような事態の中にあっても強く生き残っていけるのではないかと思います。

新型コロナ禍がいつ終息するのか、今はまだ誰にもわかりません。こんなときにこそ、自社の目指す姿を見直して、「見えない価値」でブランド力を高め、より強くなる企業が増えていってほしいと願っています。本書がそのきっかけとなれば幸いです。

乙幡　満男

ブランディングが9割　なぜか小さい会社でも勝てる不思議なカラクリ　目次

第1章

「高くても売れる」のは、ワケがあった！
〈ブランディングとは何か〉

第2章

まずは、「自分たちの強み」を見つける〈自社の特徴〉

第3章

「顧客の本当のホンネ」を探す〈インサイト〉

第4章

競合との最大の違いは何か〈差別化／ポジショニング〉

第5章

価値あるブランドはこうつくる〈「ブランドらしさ」の確立〉

第6章

イメージ通りのブランドを実現させるコツ

第7章

成功が続く「ブランドの育て方」

企画協力　松尾昭仁／ネクストサービス株式会社
本文デザイン　大場君人
DTP　センターメディア

第1章

「高くても売れる」のは、ワケがあった！

〈ブランディングとは何か〉

なぜ高いモノでも売れるのか？

同じ商品でも、売っているお店によって価格が違うことはよくあります。同じものなら当然、価格が安い方が良いはずなのに、値段が少し高い方のお店で買ったという経験はありませんか？

例えば、最新の一眼レフのカメラをインターネットで買おうとしたとき、アマゾンでは82000円で、楽天では80000円だったとします。あなたならどちらのＥＣサイトでカメラを購入しますか？

「2000円安いなら、当然楽天で買う」という人もいれば、「いやいや、2000円高くてもアマゾンで買う」という人もいるでしょう。

ここで考えてほしいのは、

「2000円多く出してでもアマゾンで買う」という人にとって、2000円を多く出す「理由」はいったい何なのか？

ということです。

その理由はいくつかあるでしょう。例えば、ポイントが付いたり、返品ができたり、配送が早かったりといった機能的な理由や、サイトのデザインがオシャレだからとか、アマゾンが好きだからなど（もちろん楽天の方が好きという人もいると思いますが）、感情的な理由も考えられます。

つまり、いかなる理由にせよ、その人にとってアマゾンは２０００円多く出す「価値」があるということです。

それは、何もＥＣサイトに限ったことではありません。みなさんがよく飲むコーヒーですが、場所によって売っている価格が違いますよね。

私は、セミナーでこんな質問をすることがあります。

「一つは、スターバックスのロゴが紙コップに印刷されたコーヒー。もう一つは、ドトールのロゴが紙コップに印刷されたコーヒー。両方とも同じ豆のコーヒーが注がれていたとします。サイズはいずれもＳ（スタバではShort）だと仮定して、それぞれ値段を付けるならいくらになりますか？」

セミナーでは、多くの人がスターバックスを300円（実際は税抜290円）、ドトールのコーヒーを200円（実際は税抜204円）と回答し、実際の価格とあまりズレがありません。

そこで私はさらに質問をします。

「では、ドトールよりもスターバックスのコーヒーを選ぶという人は、なぜ100円も余分にお金を出してコーヒーを飲むのでしょうか？」

ここで考えてほしいのは、100円余分に出す「理由」についてです。

その理由について聞くと、

「スターバックスのコーヒーを飲んでいると優越感を味わうことができる」

「スターバックスは完全に禁煙だから」

「ドトールは少し雑多な感じがして落ち着かない」

など、様々な答えが出てきます。

スターバックスを選んだ人にとって、スターバックスというブランドが付いているだけで、ドトールより100円ほど高い「価値」があるというわけです。個人差はありますが、お客さんは、優越感に浸ったり、雰囲気を味わったりするという「価値」に対して100

1-1 価格プレミアム

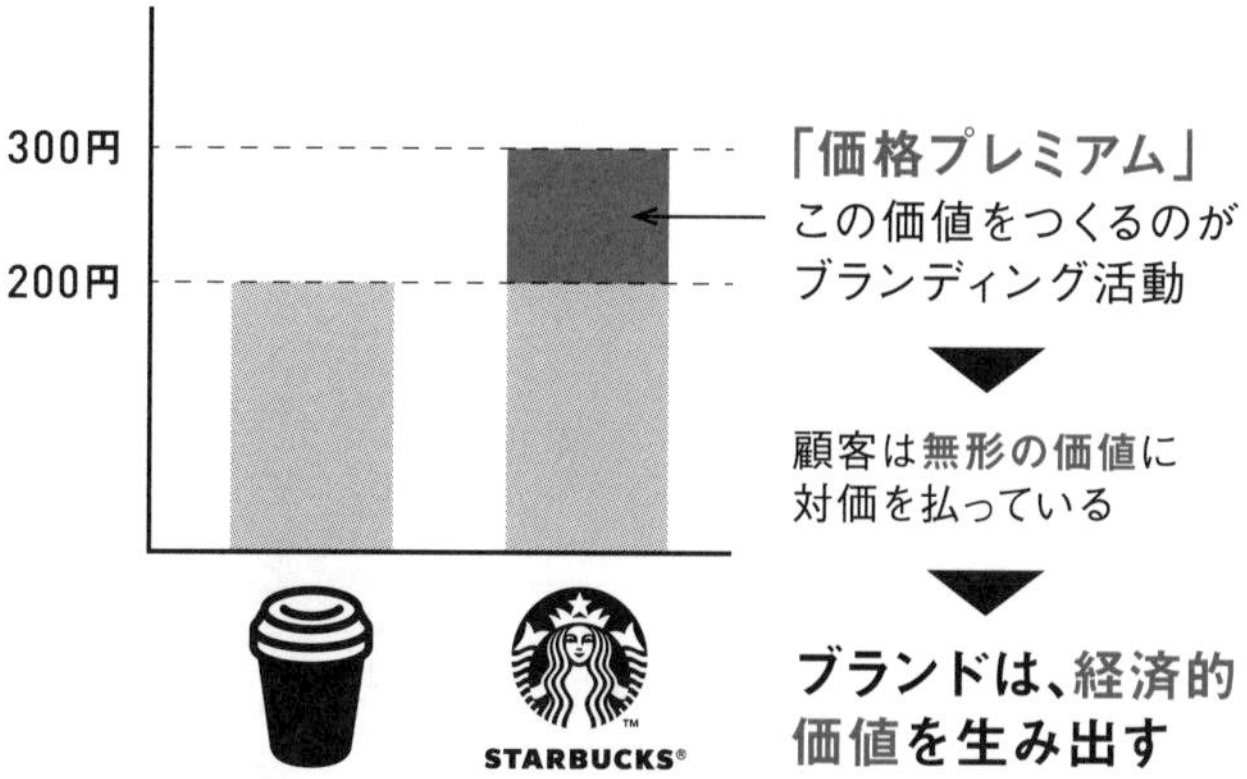
300円
200円
「価格プレミアム」
この価値をつくるのが
ブランディング活動
顧客は無形の価値に
対価を払っている
ブランドは、経済的
価値を生み出す
STARBUCKS

円余分に払っているのです。

つまり、アマゾンに支払う２０００円もスターバックスに支払う１００円も、モノやサービスがほぼ同じでありながら、多くお金を払う「価値」があるということです。

これこそが〝ブランドが効いている証拠〟であり、強いブランドには必ずこの「価値」があります。

そして、この余分に支払っているブランドによってつくられた「価値」の部分が、ブランドの〝プレミアム〟部分になります。

「この『価値』に対してなら多く払って良いという金額」のことを、価格プレミアムといいます。図1-1

ブランド力のある商品を高く売ることができる理由は、この高く売る「価値」の部分を、長期間にわたってしっかりと築き、お客さんに訴求し、お客さんもそれに納得することができているからなのです。

ブランドにとって重要なことは、ブランディング活動を通じて、「価値」の部分をつくり、維持し、高めていくことです。同じような商品やサービスでも、「いかにブランドの力を利用して高く売っていくか」が、明暗の分かれ道となります。

ブランド力をつければ、同じ価格だった場合の選択でも、有利になります。

値下げすることのリスク

「売上を伸ばしたいから、値下げをしてでも販売数量をもっと伸ばしたい！」という思いから、簡単に値下げするケースが多く見られます。

しかし、ちょっと待ってください。一度値下げをすると、競合も値下げを始めて価格競争が始まってしまいます。値下げをするとブランド毀損となってしまうのです。

これはどういうことか。

「10000円の服が次の日に5000円になっていた」というような経験をしたことはありませんか？　そんなときは、「がっかりな気持ち」になるでしょう。この「がっかりな気持ち」にさせてしまうことが、ブランドの信頼を損ない、ブランドの価値を毀損してしまうということなのです。

もちろん、洋服などは季節的な要因や在庫の兼ね合いもあるのですが、そもそもセールをしないと売れないのは、その商品をその価格で売る「価値」がなかったということです。

もし、値下げをしないと売れないのであれば、それはお客さんがその金額を出してでも買いたいと思わなかったことになります。つまり、そもそもその商品にその価格で売る「価値」がないか、「価値」そのものが伝わっていないかのどちらかであると言えます。

安売りでお客さんをつなぎとめることはできない

強いブランドは値下げをしません。例えばルイ・ヴィトンは、値下げやセールを一切しないことで有名です。ブランド毀損になることがわかっているからです。

値下げをしないのは、何も高級品だけとは限りません。

アメリカのトレーダー・ジョーズというスーパーは、毎日同じ価格で販売する（ＥＤＬＰ：Every Day Low Price）という手法を採用しています。いつも値段が変わらないので、「がっかりな気持ち」にさせることがありません。しかも、お店の雰囲気を陽気なハワイアン風にしたり、オリジナル商品を開発して人気を得るなど、競合店に負けない「価値」をつくり続けています。ただ安いだけでなく、食料品スーパーとして常に魅力的なのです。

あるスーパーがチラシで告知をして、特売をしたとします。牛乳が１００円、玉子10個が50円だとしたら、多くのお客さんが訪れるでしょう。

では、チラシの特売で来たお客さんは、そのスーパーのどんな「価値」によって来たのでしょうか？　そのお客さんはおそらく、競合がもっと安い価格で特売をしたら、競合店に行ってしまうでしょう。**「安売り」でお客さんをつなぎとめることはできない**のです。

「じゃあ、『安さ』を全面に押し出しているドン・キホーテはどうなのか⁉」と思うかもしれません。総合ディスカウントストアのドン・キホーテは、たしかに自らを「驚安《きょうやす》の殿堂」と呼んでいます。ですが、決して「価格が安いだけのお店」ではありません。

お客さんをつなぎとめているカギは、「宝探しをするような買い物の楽しさ」です。何度行っても新しい発見がある楽しさは、お客さんにとってとても魅力的でしょう。これがドン・キホーテにとっての「価値」になります。「価格の安さ」もひとつの要因なのは否定しませんが。

安易な安売りでお客さんをつかみ続けることはできません。お客さんが納得する「価値」を探し出し、その「価値」に共感してくれる人にしっかり訴求していくことが重要です。

安易な値下げはブランドを毀損してしまいます。値下げは最後の手段です。値下げをする前に、「売れない原因は何か」を考えて対策を取ることが必要です。

ありがちな「ブランド」への誤解

ブランドの重要性が叫ばれている昨今、ブランドに対する誤解が多いのも事実です。

先日、ある方が「ブランディング」「ブランディング」と言いながら話している内容がパッケージのデザインの話だった、ということがありました。おそらく「ブランディング＝デザインすること」と勘違いしているのだと思います。

確かに、ブランドにおいてデザインは、ロゴ、商品のパッケージ、カタログや自社サイトなどを通して、ブランドのイメージを具体的に表現し、そのブランドの世界観をお客さんに伝えるという役割があります。

しかしブランドを伝える手段は、デザインのほかに、商品やサービス、店頭での販促、店頭接客、各種メディア媒体、ＷＥＢ、ＳＮＳなど、いくらでもあるのです。つまり、デザインや広告は、お客さんにブランドを伝える手段の一つに過ぎないのです。

「ブランド＝高級品」ではない

また、高級な洋服やカバンのことを「ブランド」とか「ブランド品」ということがあると思いますが、「ブランド」は高級品のことだけを示すわけではありません。

さすがに、ここ最近は、ビジネスパーソンにブランディングの話をしていて「ブランド＝ルイ・ヴィトンやグッチなどの高級ファッションブランド」と勘違いをしている方は、だいぶ減ったと感じます。

しかし「ブランド」と聞いて、高級品のカバンや財布などを思い浮かべる人はまだまだいますし、何が違うの？　と疑問を持つ人も少なくありません。

ルイ・ヴィトンやグッチが高級品で「ブランド」であることには変わりはないのですが、ここでお伝えしたいのは、ブランドには高級品だけではなく、低価格帯ブランドもあるということです。

例えば、イオンのPB（プライベートブランド）の「トップバリュ ベストプライス」は、イオン基準の品質で、カテゴリーで一番低い価格を狙うブランドです。まさに低価格であることを訴求したブランドになります。「ブランド＝高級品」ではないということです。

ロゴだけではブランドの価値は伝わらない

さらに、「商品のパッケージにロゴを付けることがブランディング」という誤解もありがちです。それによってブランドとして成立はしても、それだけでは、お客さんにブランドの価値は伝わりません。

「ブランドは（他の商品との違いを）識別するためのもの」だとすれば、ロゴは一つの役割となりえます。しかし、商品やサービスが一般化して差別化が難しく、情報が複雑に絡み合う現代において、ロゴを識別のためだけに位置づけていては、強いブランドを築くことはできないでしょう。

私のセミナーでは、商品のパッケージのロゴの部分だけを隠し、どこのブランドのものかを当ててもらうという簡単なクイズを行うことがあります。先日も、コンビニやスーパー各社のＰＢの「冷凍カルボナーラ」で、そのクイズを行いました。

結果、答えはバラバラでした。それぞれブランドとしての世界観はあるものの、いざロゴを隠すとわからないのです。それくらい、人の記憶は曖昧《あいまい》なのかもしれません。言い換えれば、それぞれの冷凍カルボナーラは、そのカルボナーラなりの美味しさ感や世界観があるものの、ブランドとしての訴求があまりできていないということになります。「そんなの、ロゴを隠したらどこのブランドの商品かわからなくなるのは当たり前じゃないか」と思うでしょうか。実は、先ほどのロゴ隠しテストを行ったとき、全員が正解したブランドの商品もありました。

一体それはどこのブランドだと思いますか？　答えは、「無印良品」です。無印良品のカレーやお菓子のロゴを隠し、どこのブランドかを聞いたところ、ほとんどの人が正解したのです。これって、実はすごいことです。というのも、無印良品は「そのデザインや世界観、ブランドに込めた思いを、お客さんに上手に伝えることができている」と解釈できるからです。

つまり無印良品は、商品のコンセプトや世界観はもちろん、パッケージデザインにおいても統一した世界観をつくっているということです。いかに無印良品がブランド力を持っているかがわかります。

ブランドがつくられる要素はロゴだけじゃない、「商品にロゴを付けるだけ」といった安易なブランドづくりをしてはいけないということがおわかりいただけたと思います。

企業やサービスも「ブランド」である（ブランド体系）

ブランドというと「商品」のことを連想する人が多いのですが、それは、ブランド力のある「商品」に触れる機会が多いからなのかもしれません。

しかし、「商品」だけではなく、「サービス」もブランドになります。「セブン-イレブン」や「マツモトキヨシ」などの小売の屋号もブランドですし、「ディズニーランド」や「ユニバーサル・スタジオ・ジャパン」などのレジャー施設もサービスのブランドです。「Google」「YouTube」「Facebook」といったインターネット上のサービスやスマートフォンのアプリも、当然サービスのブランドということになります。

様々な社名が出てきたことからお気づきかもしれませんが、企業もまたブランドのうちの一つなのです。

わかりやすい例を挙げると、「コカ・コーラ」というブランドがあります。「コカ・コーラ」には商品としての「コカ・コーラ」の役目があるとともに、企業としての「コカ・コーラ」の役目もあります。両方とも「コカ・コーラ」なので混同しやすいのですが、企業ブランドとしての「コカ・コーラ」と、商品ブランドとしての「コカ・コーラ」ではそれぞれ、届けたいメッセージの内容が微妙に違い、役目も変わってくるのです。

したがって、企業ブランドと商品ブランドは、それぞれ分けて考える必要があります。組織に階層があるように、ブランドにも階層があるということです。

企業ブランドもあれば、事業ブランドもあります。そして、花王の洗剤「アタック」のような商品ブランドもあれば、商品のシリーズブランドとなる「アタックZERO」というブランドもあります。

図1－2は、ブランドの階層の例になります（分類は著者による）。自社のブランディングを行う際は、こうした階層に分類し、認識しておくことが重要です。

■企業ブランド

企業全体を表すブランドのこと。

ローソン、花王、ファーストリテイリングなど。

■事業ブランド

その企業内における事業体のブランド、または、商品・サービスの集合体となるブランドのこと。商品やサービスの集合体を「ファミリーブランド」という場合もある。

（例）

・ローソン　　ローソン、ナチュラルローソン、成城石井
・セブン＆アイ・ホールディングス　　セブン‐イレブン、イトーヨーカドー、デニーズ
・ファーストリテイリング　　ユニクロ、GU、セオリーなど

■商品ブランド

商品ブランドとは、個々の商品やサービスのブランドのこと。

（例）

・ローソン　　ローソンセレクト、ウチカフェ
・セブン‐イレブン　　セブンプレミアム
・花王　　アタック、ビオレu
・ユニクロ　　ユニクロ、ユニクロ ユー、ヒートテック、エアリズム

1-2 ブランド階層（例）

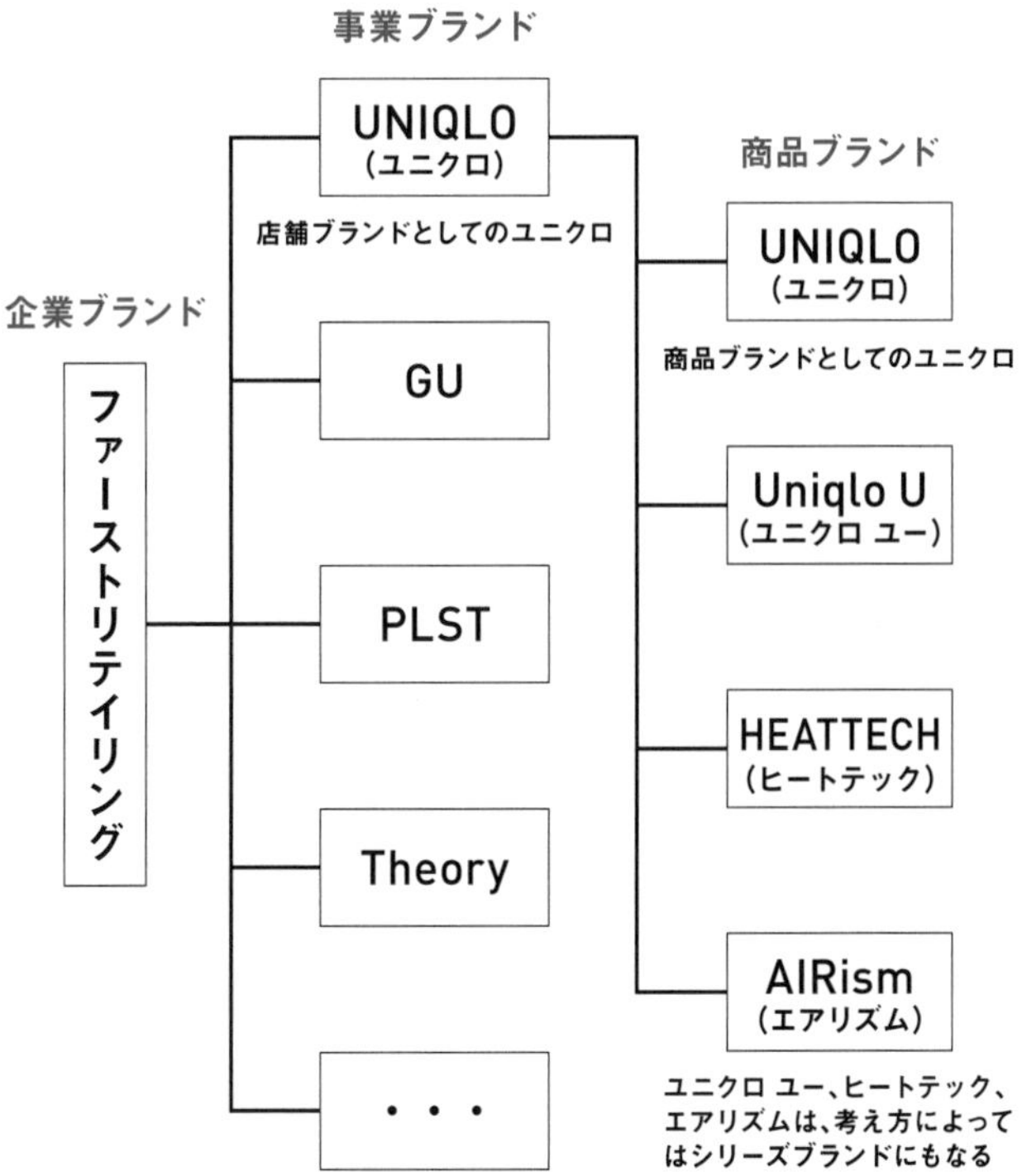

「企業ブランド」と「事業ブランド」と「商品ブランド」で階層が異なる。店舗としてのユニクロブランドと、商品としてのユニクロブランドは同じようで別。上記は一例で、階層分けの考え方は企業によって違うので、自社に合った階層をつくるのがよい。

商品ブランドにはさらに「サブブランド」や「シリーズブランド」などがあり、ブランドが多い企業は、階層を追加して考える必要があります。

例えば、「ローソン」というブランドの議論をするのであれば、企業ブランドとしての「ローソン」、事業ブランドとしての「ローソン」、商品ブランドとしての「ローソンセレクト」と、すべて「ローソン」が付くので、どこの階層の話かを定義してから議論をする必要があります。

「ブランド」が使われる範囲としては、最近では商品やサービス、企業ブランドに加えて、地域ブランドや大学ブランドに発展しており、ブランドが使われる幅が広がっていると言えます。

そもそもブランドとは何か

ブランドについて語ったり議論したりする際、ブランドに対する定義がそれぞれ違うため、議論が噛み合わなかったり、説明しても通じないというミスコミュニケーションが起こったという経験をした人もいると思います。

では、ブランドとは何かというと、企業とお客さんとの接点を通して、お客さんに評価され、お客さんの頭の中に蓄積されていく価値のことです。

ブランドは、企業側とお客さんとの接点を通じ、五感によって体験することでしか感じることができません。

そのため企業側は、商品や売り場、オンライン上のコミュニケーション、店頭での接客など、様々なお客さんとの接点（＝タッチポイント）において、ブランドの特徴やお客さんへの提供価値などを、一貫性を持って伝えていく必要があります。図1−3

そうすることで、受け手のお客さんの頭の中にブランドが構築され、ブランドが育っていくのです。

そのように、お客さんの頭の中にブランドを構築し、価値を高めて確固たる評価を得ていくことをブランディングと呼びます。簡単に言うと、ブランディング活動とはブランド価値を高める活動のことです。


私はセミナーでよく「『無印良品』というブランド名を聞いて、思い出すキーワードは何ですか」と聞きます。

「無駄のない」「質素」「洗練された」「日本を代表するブランド」などが出てくるのですが、ほぼ100％と言っていいほど必ず出てくるキーワードがあります。それは「シンプル」という回答です。

企業側もおそらく、ブランドとして「シンプル」を重要視していることでしょう。その証拠に、店舗や商品、広告など各タッチポイントでの統一したデザイン、世界観は「シンプル」に集約されています。

「無印良品」と聞いて「シンプル」という言葉が出てくる理由は、無印良品が長期間にわたり、ブランドのエッセンス（ブランドとしての大切な要素）でもある「シンプルさ」を

1-3

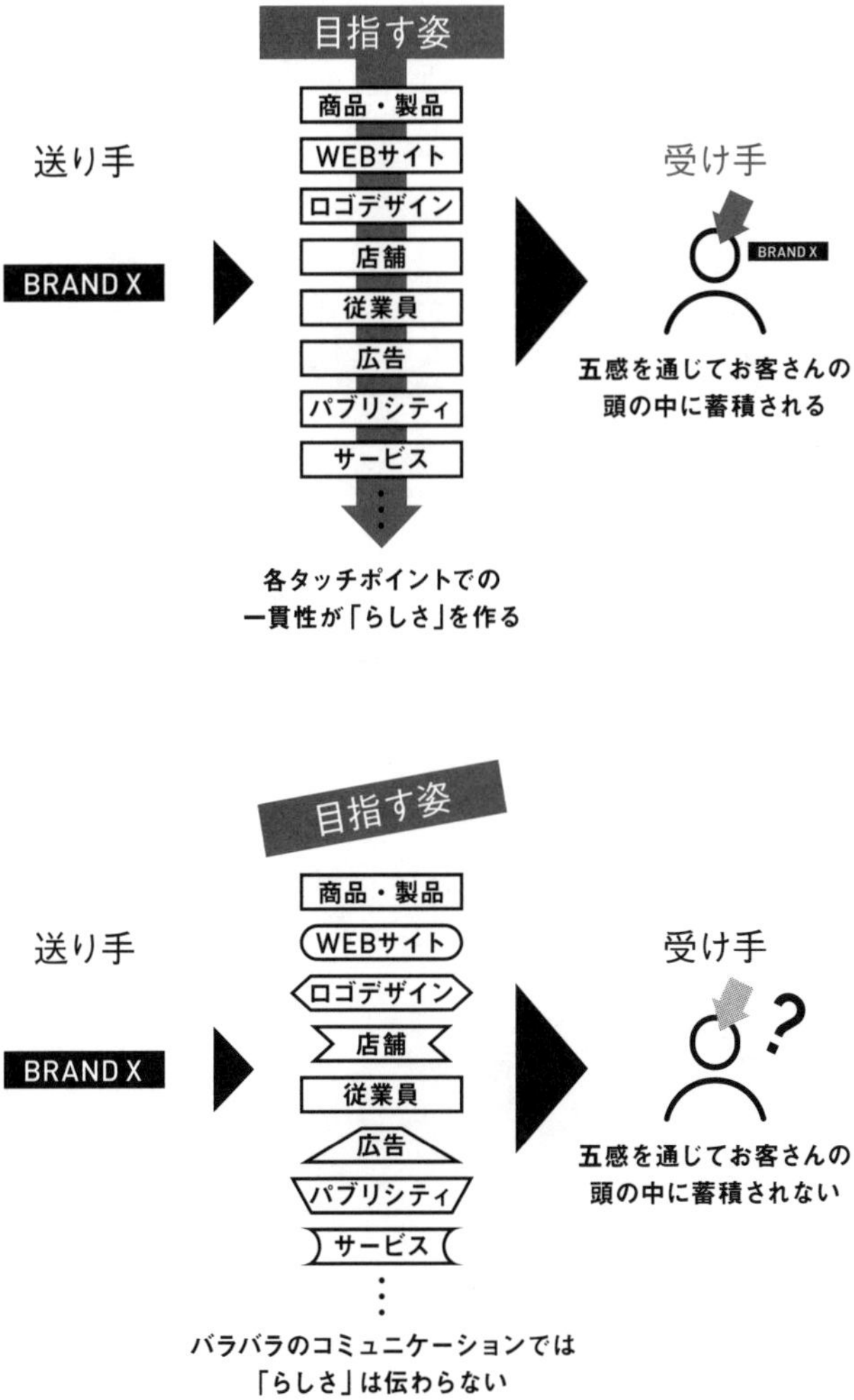
目指す姿
送り手
BRAND X
商品・製品
WEBサイト
ロゴデザイン
店舗
従業員
広告
パブリシティ
サービス
受け手
BRAND X
五感を通じてお客さんの
頭の中に蓄積される
各タッチポイントでの
一貫性が「らしさ」を作る
目指す姿
送り手
BRAND X
商品・製品
WEBサイト
ロゴデザイン
店舗
従業員
広告
パブリシティ
サービス
受け手
?
五感を通じてお客さんの
頭の中に蓄積されない
バラバラのコミュニケーションでは
「らしさ」は伝わらない

構築してきたからこそだと言えます。

強いブランドにはそういったブランドのエッセンスがあり、それがしっかりお客さんに伝わり、頭の中に焼き付いているのです。

企業にとってブランドは無形資産である

企業側の視点で見ると、ブランドとは価値観を含んだ概念であり、無形資産でもあります（ブランド＝無形資産）。

ブランドコンサルティング会社の世界最大手、インターブランド社は、ブランドを「常に変化するビジネスアセット（資産）」と定義しています。

無形資産とはその名のとおり、形のない資産のことです。工場や設備といった、目に見える資産とは違い、特許や著作権など目に見えない資産のことを言います。資産であるからには、ブランドとは将来的に会社に利益をもたらすものだと言えます。

ちなみに同社では毎年、「ブランド価値評価ランキング」を発表していますが、無印良品のブランド価値評価額は約16億ドル（≒約1760億円／2020年2月インターブランド社発表）となります。また、２０１９年のアップルのブランド価値評価額は、２３４２億ドル（約25・3兆円）というから驚きです（２０１９年10月同）。

桁が大きすぎてわかりづらいかもしれませんが、「無印のブランドを買い取ってウチの会社で展開したい！」という場合、必要な金額は約16億ドルということです。

もし仮に、明日から「無印良品」が「無印良品」ブランドを一切使えなくなるとしたらどうなってしまうでしょうか？　ブランドを掲げることができないという状態をイメージしてください。

売上がどれだけ落ちるかを想像してみると、「ブランドという資産が利益を生み出している」ことがイメージできると思います。それだけ長期間にわたってブランドを築き上げてきたということです。

アパレルメーカーの三陽商会が「バーバリー」ブランドを使えなくなり、売上が落ちたというニュースは記憶に新しいと思います。商品のデザインや品質はそんなに変わらないにもかかわらず、ブランドを扱うことができなくなり、売上が落ちてしまったのです。それくらい「ブランド」というものには影響力があるということです。

ブランドは長期的な利益を生み出す源泉

ブランドとは無形資産であるとお伝えしましたが、比較的、中長期的な戦略の視点が置かれるブランドには、長期的な利益を生み出す力があります。ブランド力があると、具体的には、次のようなメリットがあります。

■価格競争をしなくていい

まず、ブランド力があると、競合他社と価格競争をしなくてよくなります。価格競争をしないということは、セールや値下げをしないということです。つまり、利益を確保できるようになるのです。

■リピーターが常に指名買いしてくれる

また、ブランド力があると、リピーターが常に指名買いをしてくれます。お客さんがそのブランドの商品やサービスを気に入れば、基本的には買い続けるので、長期的に利益を確保することができるのです。

例えば、「コーヒーはスタバ」「スマホはｉＰｈｏｎｅ」「下着はユニクロ」といったように、「私はこのブランド！」と決めている方は結構いるのではないでしょうか。

「このブランドのこの商品が良い！」と思ったお客さんは、同一ブランドの他の商品の購入も検討してくれるでしょう。しかし逆に、「何これ？　期待外れ」と思われるような商品であれば、その商品だけでなく、同じブランドの他の商品も買ってくれないに違いありません。そうなるとブランド毀損になってしまいます。

■お客さんが勝手に宣伝してくれる

高級品や家電などの購入を検討する際、詳しい友人に「この商品すごくいいよ！」と言われて購入したという経験はないでしょうか？

ブランド力があると、お客さんがそのブランドのファンになって、勝手にそのブランドを宣伝してくれるのです。

最近ではＳＮＳが発達し、YouTubeやInstagramやTwitterなどを利用してお客さん側から発信できるため、よりその傾向は顕著になっています。お気に入りの商品やブランドを紹介している投稿を目にする機会も多いと思います。企業側としては、より発信力の高いお客さんがファンになることで、広告宣伝費をかけずにブランド力を高めることができるのです。

したがって現代では、お客さんと上手に関係を構築し、共にブランドを創り、ロイヤリティ（お客さんのブランドへの愛着・忠誠心）を高めていくことが、ブランディングにおいてポイントとなっています。

■取引先との交渉で有利になる

ブランドの力は、取引先との交渉でも有利に働きます。ブランド力のある商品やサービスは、ブランド力がない商品やサービスと比べてよく売れるので、取引先にとってもたいへん魅力的です。だから、より良い条件で交渉しやすくなるのです。

ショッピングモールにテナントを入れる場合、集客力のあるユニクロや無印良品は、他のテナントと比較すると有利な条件で入れると想定されます。

スーパーやドラッグストアでも、ブランド力がある商品の方が売れるので、そういった商品から店頭の棚の良いところに並びます。ブランド力がないと競合の商品に負けて、どんどん棚の隅に追いやられ、しまいには店頭に置いてもらえなくなってしまうでしょう。

■従業員も売りたくなる

ブランド力があると、従業員もモチベーションが上がって積極的に売るでしょう。営業や販売店舗の従業員はお客さんに直接、接することが多いため、彼らがそのブランドを好きかどうか、影響はより大きいと言えます。

以前、ある企業で、ブランドをリニューアルしたときのことです。リニューアルするまで、従業員はそのブランドを「売らされている」と感じている人が多かったのですが、ブランドリニューアル後にヒヤリングを行った際、「自ら売りたいブランドに変わった」という声が多く聞かれました。

「売らされている」と「自ら売りたい」と思うのとでは、雲泥の差があります。従業員が「売らされている」と思っていれば、それはお客さんにも伝わるでしょうし、「自ら売りたい」と思えれば、売上も大きく変わってくるでしょう。

■採用が有利になる

ブランド力があれば、その商品やサービスを好きだからそこで働きたいという人も出てくるはずです。つまり、その会社で働きたいという意欲を持った優秀な人材を採用しやすくなるということです。

知らない企業よりは知っている企業に親近感が沸くのも当然ですし、最近では、子供の就職活動に親が介入するとも言われているので、よりブランド認知の高い企業の方が有利と言えます。また、アルバイト先を「ユニフォームがかわいいから」という理由で選ぶ人もいるそうです。

優良企業であっても、広く認知されていなければ、優秀な人材を確保しづらくなります。しかし、ブランド力が向上することにより、採用コストも下がるし、優秀な人材を確保しやすくなります。優秀な人材は大きな利益を生み出す可能性も高いため、採用の面においても、ブランド力の向上が会社に与える影響は大きいと言えるでしょう。

ブランディングとマーケティングの違いとは？

ブランドづくりとマーケティングの違いがわからないという相談を受けることがよくあります。マーケティングとは、簡単に言うと、どこのどの分野を狙うか市場を細分化し、誰に売るかターゲットを設定し、競合との違いを明らかにするためポジショニング（第4章参照）を決めた上で、「売れる仕組み」をつくることを言います。

そのときにポイントとなるのが、いわゆる4P（Product〈製品・商品〉、Price〈価格〉、Place〈流通〉、Promotion〈宣伝〉）の組み合わせ、「どんな商品をいくらに設定するか」「どこで販売するか」を決め、「どのような宣伝をして売っていくか」ということです。

例えば、スターバックスが缶コーヒーを出すとしたら、スターバックスの味をスターバックスの店舗がないところでも、スターバックスブランドの提供価値である「第3の場所（サードプレイス）」が擬似的にでも味わえるよう、バリスタが監修した缶コーヒー（Product）を、ショートサイズと同じ300円（Price）程度で、自動販売機（Place）限定で、広告はＬＩＮＥの配信限定（Promotion）にする、というような戦略をとります。

４Ｐ戦略では、「誰に対して（ＷＨＯ）何を（ＷＨＡＴ）どのように売るか（ＨＯＷ）」を考えることがとても重要です。

ただ、顧客との関係が近い現代、ＳＮＳ時代においては、企業発信的な考え方の４Ｐ戦略から、４つのＥ（Experience〈体験〉、Exchange〈交換〉、Everywhere〈あらゆる場所〉、Evangelism〈伝道・伝播〉）の４Ｅ戦略にシフトしています。

・**Product〈製品・商品〉 → Experience〈体験〉**

「モノ」から「コト」の時代になり、経験や体験がより重要

・**Price〈価格〉 → Exchange〈交換〉**

一方的な値付けではなく「商品と貨幣との交換」という行為そのもの

・**Place〈流通〉 → Everywhere〈あらゆる場所〉**

リアル店舗だけでなく、ネットなどいつでもスマホさえあれば購入できる場所

・**Promotion〈宣伝〉 → Evangelism〈伝道・伝播〉**

一方的に広告で伝えるのではなく、口コミやメディアなどで顧客にどう伝わるか

ブランドとマーケティングの関係性を表すと、図1－4のようになります。これは、４Ｐであろうと４Ｅであろうと同じです。

日本を代表するブランド論の第一人者、一橋大学大学院経営管理研究科の阿久津聡教授は、マーケティング戦略におけるブランドの位置づけについて、「顧客の心の中にブランドを構築し、資産としてのブランドの価値を上げ、それを活用して収益を上げていくことがマーケティング戦略の核」と述べています。

言い換えれば、「マーケティング戦略の中心にブランドを置くこと」が重要であり、ブランディング活動とは、マーケティング活動、すなわち4P（または4E）を通じて、また一貫したタッチポイントを通して、お客さんの頭の中にブランドをつくるということです。

つまり、４Ｐ（または４Ｅ）はブランドをお客さんに伝える手段であると言えます。

スターバックスというブランドで缶コーヒーを出す例で言えば、コーヒーの中身はもちろん、缶のデザインや触り心地もスタバらしさがなくてはなりません。

価格も極端な話、80円くらいで売られていれば、スタバのブランドを崩してしまうでしょう。お客さんが「スタバならこのくらいの金額を払ってもいい」というような、スタバらしい価格があるはずです。

1-4 マーケティングにおけるブランドの位置づけ

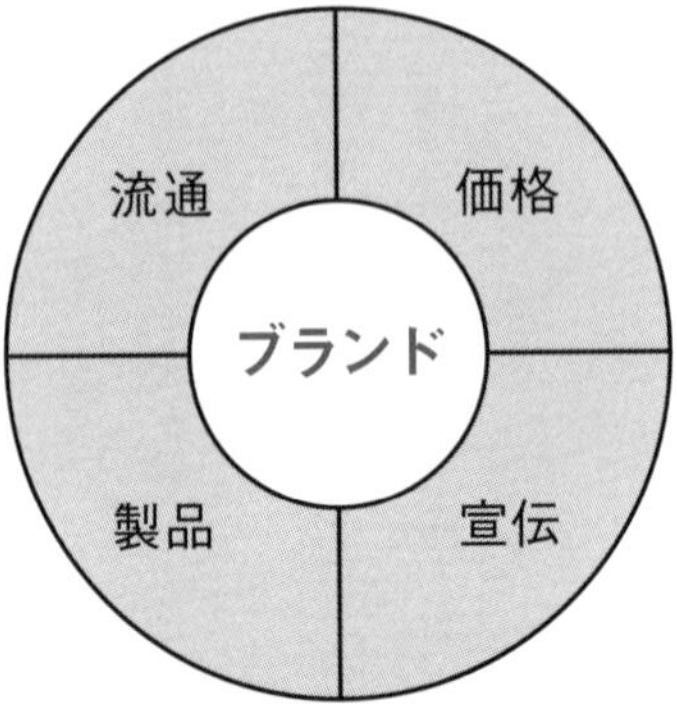

出典：事業構想 PROJECT DESIGN ONLINE 2016 年 7 月号
「人間会議」資産としてのブランドとは―デービッド・アーカー教授の研究から
阿久津 聡（一橋大学大学院 教授）

宣伝も、LINE配信であれば、くつろぎが感じられるようなコミュニケーションがよいでしょう。

こんな風にして、それぞれのマーケティング活動の中心にブランドを置くことがとても重要です。

また、マーケティングが比較的、短期的な収益に視点を置くのに対して、ブランディングは中長期的な収益に視点を置くという違いもあります。ビジネスを成長させる事業が成功しなければ意味がありません。

ですので、ブランディングを行うに際しては、しっかりとしたマーケティング戦略が立てられていることも大切です。

ブランディングは小さい会社の方がうまくいく理由

ブランディングというと、広告やデザインなどにお金がかかるというイメージからか、大手企業が行うものと思われがちです。

しかし、小さい会社の人もあきらめないでください。小さい会社は小さい会社なりの良さを生かせば、ブランディングがうまくいくのです。

小さい会社の方が尖りを出せる

まず、大手と比較すると「小さい会社の方が、ブランドに『尖り』を出しやすい」ということが、うまくいく理由の一つです。

尖りを出すとは、より特徴を出すということを意味します。際立った特徴を出すとターゲット層が絞り込まれるので、ターゲット顧客のイメージがより具体化され、こだわり層など、特定層への訴求がしやすくなるのです。

特定層は市場が狭く、大手企業にとっては、うまみのある領域ではないのです。大手は売上規模を求められるため、あまり尖りすぎると売れなくなってしまうというジレンマがあります。いわゆるナショナルブランド（国民的なブランド）ともなると、多くの国民を相手にするという時点で、尖りのあるブランドをつくるのが難しいのかもしれません。

ブランドはターゲットを絞り込んだ方が、顧客像がより明確になり、ブランディングがしやすくなるのです。

例えば、「BOTANIST（ボタニスト）」というヘアケアブランドがあります。これは、I-neという会社がつくったものですが、P&G、ユニリーバ、花王といった競合がひしめくヘアケアカテゴリーにおいて、小さい会社ながら尖りを出すことで成功したブランドです。

BOTANISTは、2015年のノンシリコンシャンプーのブームが一巡した後、ボタニカル（植物由来の）をコンセプトに、従来のシャンプーよりは高価格でありながら、サロンのシャンプーと比較すると低価格に位置する1500円前後の中価格帯で勝負し、成功しました。

リピートしてもらうために品質にもとことんこだわったことや、大手が店頭で目立つようカラフルなデザインを採用する中、あえて白と黒をベースに文字だけというシンプルなデザインで、他商品と差別化したことが成功要因といえます。ほかにも、ＳＮＳを駆使したコミュニーションを行うなどの工夫をしていますが、大手にはない尖りを出したことで、成功することができたわけです。

大手は意見を言う人の数だけ、尖りがなくなる

もちろん、大手だって尖りのある商品をつくり、ヒットさせたいという気持ちはあるはずです。しかし、関係する人数がとても多く、上層部や関連部署を通っていく中で、どんどん尖りがけずられて丸くなっていくというのはよく聞く話です。

私も以前、あるブランドのリブランディング（既存のブランドを再構築すること）に携わっていた際、同様の経験をしたことがあります。元はシンプルで斬新なデザイン案だったのですが、各部署の幹部たちに根回しをしているうちに、「ここの文字を大きくしてほしい」「ここに絵を入れてほしい」「ここの色は競合と同じにしてほしい」など、いくつかの意見を聞いているうちにどんどん尖りがなくなり、結局ブランドとして何を訴求したい

のかわからないデザインになってしまったのです。

小さい会社の方が、意思決定が早い

また、小さい会社には大手と比較すると意思決定が早くできるという強みがあります。

これもよく聞く話かもしれませんが、大手は会議の多さ、決裁者の多さにより、経営判断に時間がかかりがちです。実際、ある大手スーパーで、社長決済から差し戻された案件が、次の審議に入るまでに、2か月半もの空白期間があったということがありました。

それと比較すると、小さい会社は社長の決断ですぐ決まることが多く、大手より迅速に物事を進めることができるのです。デジタル時代に突入し、目まぐるしく変化する市場の中でお客さんに応えていくには、意思決定が早い小さい会社の方が有利と言えるでしょう。

大手が大型戦艦なら、小さい会社は動きの早い駆逐艦といったところでしょうか。大砲を備える戦艦と、機動力を武器に素早い動きで戦う駆逐艦では、役割が違ってきます。その役割を生かし、小さい会社ならではの特徴を出すことで、勝機が見えてくるのです。

第2章

まずは、「自分たちの強み」を見つける

〈自社の特徴〉

ブランディングを行う流れ

時々、「海外で成功している企業はブランドが強いと言うけど、アップルやスターバックスのようなことをできるはずがない」とか、「ブランディングなんてコスト的にも、人材の面でも、自分たちには難しい。関係ないよ」といった言葉を耳にすることがあります。

そんな風に思われた方も安心してください。ブランディングは、ルールや流れさえ理解してしまえば、難しいものではありません。コストを抑えることもできます。

ブランディングにおいて大事なのは、シンプルに、極力、基本に忠実に行うことです。状況により思い通りにいかないことも出てきますが、可能な限りブランディングのルールや流れ通りに行うことを心がけてください。成功する確率がぐんと上がります。

戦う市場を決め、目的を定め、ターゲットとするお客さんに、様々なタッチポイント（顧客との接点）を通じて、最高の価値を届けていきましょう。

本書では、ブランディング活動を次の3つのステップに分けて説明していきます。

■ステップ1　ブランドの現状分析（第2章、第3章、第4章）
■ステップ2　ブランドのコアとなる概念をつくり、戦略を策定する（第5章）
■ステップ3　概念をもとにブランド戦略を実行する（第6章、第7章）

これがブランディング活動の全体の流れとなります。図2－1

現実から理想へ、それがブランディング活動

まずステップ1で行うのは、ブランドの現状分析です。現在自分のいる位置がどこなのかという「現実」と、どこに行きたいのかという「理想（目指す姿）」を、「自社」「顧客」「競合」の3つの視点で、できるだけ正確に把握していきます。

多くのブランドは、「理想」と「現実」にギャップがあります。スターバックスやディズニーのような大手でさえ、ちょっとしたギャップが生まれればそれを埋めるよう懸命になります。

2-1

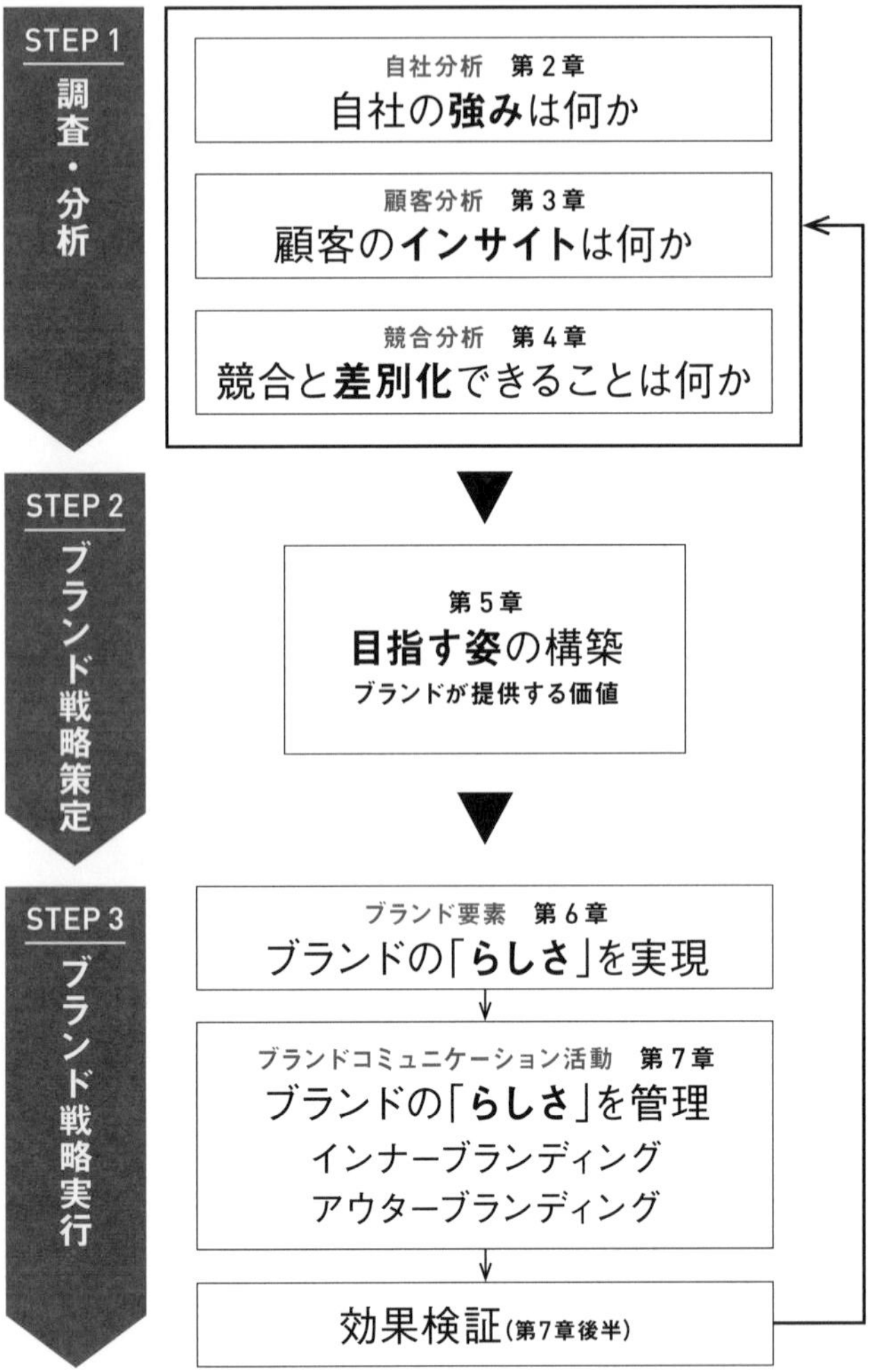

資料：インターブランドジャパン編著『ブランディング 7つの原則』（日本経済新聞出版）P76「Branding Frame Work」をアレンジ

2-2

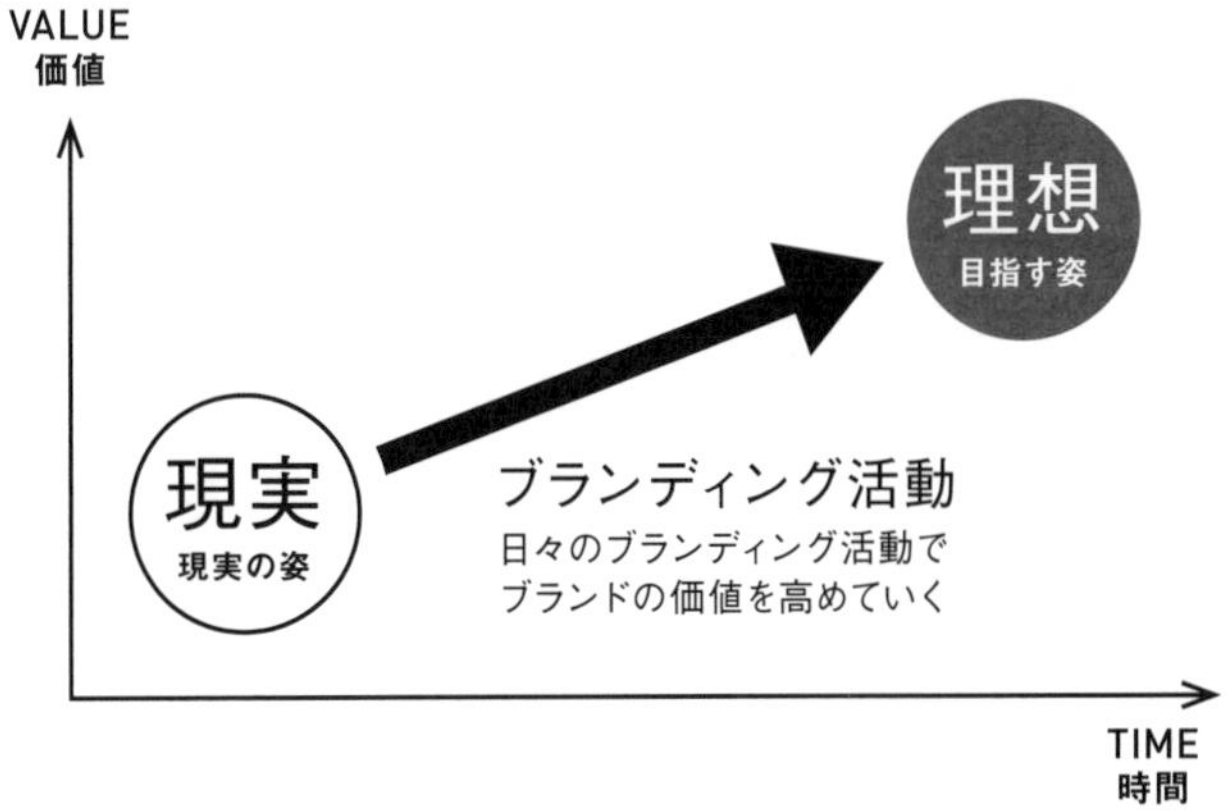

ステップ1で大事なのは、課題は何か、どうすればそれを克服してブランドの価値を高めることができるのかを分析し、どうすべきかを考え、実行していくことです。

例えば、ディズニーランドが「夢の国」という理想を掲げているのに対して、仮に、近隣に工場があって日常空間が見えてしまったり、キャストの方々の服装が作業着だったりすれば、イメージが崩れてしまうでしょう。もしそのようなことがあるとしたら、それらを「課題」ととらえて、改善していく必要があります。

この高い理想を求め、理想と現実のギャップを埋め、課題を解決し、価値を高めていくことがブランディング活動です。図2−2

ブランドの現状を分析し、戦略を立てる

「うちのブランドはどうして評判がよくないのだろう」というとき、現実を見ると、思わず目を覆いたくなるような事実や、「デザインがバラバラなのはデザイナーのせいだ」といった愚痴が出てくるかもしれません。そんな状況においては、理想のブランドを構築するためにも、誰が悪いかということではなく、「どういう現状なのか」という現実をしっかり見ることが必要です。

理想と現実の「現実の姿」をより正確に把握するために有効なのが、ブランドの現状分析です。先に少し触れましたが、現状分析は「自社」「顧客」「競合」の3つの視点で行います。自社（Company）、顧客（Customer）、競合（Competitor）の頭文字「C」を取って、3C分析とも言われています。

3つの視点で見るのは、自分たちが「今は最高に理想型の状態」と思っていても、受け手のお客さんがそう思っていなかったり、それを望んでいなかったりすれば、単なる独り

よがりになってしまうからです。

■自社分析　Company

自社分析では、自社ブランドの強みや課題点を明確にします。また、自社ブランドのブランド資源（リソース）は何か、ビジョンやミッションは何か、企業理念にもとづいているかなどを把握します。競合と比較して勝てているところ、競合がきても負けないところはどこかなど、自社の強みとなるところを探し出すのがポイントです。

■顧客分析　Customer

顧客分析では、ターゲットとなる顧客は誰か、顧客は何を求めているかを明確にします。また、顧客にとっての価値は何か、顧客のトレンド、顧客は自社や競合のブランドのことをどう思っているのかなどを把握します。顧客のホンネ部分や、顧客自身がまだ気づいていない潜在的なニーズなど、顧客のインサイト（顧客がホンネの部分で求めているところ）を導き出すのがポイントです。

■競合分析　Competitor

競合分析では、自社が戦おうとする市場において、競争相手のブランドの強みや課題点が何かを明確にします。また、自社にできず、競合が顧客に提供できている価値は何かも把握します。自社と競合とを比較し、競合と差別化できるところを探し出すのがポイントです。

そして、この「自社」「顧客」「競合」3Cの視点をもとに、「どうすれば勝てるか」という戦略を立てていきます。「自社」「顧客」「競合」それぞれを独立して見るのではなく、「自社の強み」を生かし、「顧客のホンネ」を探り、「競合と差別化」できるところを探していきます。

マーケティング戦略ではなじみのある3C分析ですが、ブランディングにおいても同様に、この3Cで現状分析を行います。3C分析では通常、「顧客」や「競合」といった外部環境の分析を行ってから、「自社」ではどうすべきかという内部環境の分析を行います。しかしそれは、顧客ばかりを見過ぎ、顧客のニーズが一般化し、競合との差別化が難しくなるという問題をはらんでいます。

国内メーカーの携帯やスマホのデザインが似たり寄ったりになったのも、顧客を見過ぎたことが原因と言う人もいます。iPhoneが発表された当時の「ガラケー」と呼ばれる日本の携帯電話を思い出してください。INFOBARなど一部を除いて、どれも同じようなデザインだったことは記憶に新しいと思います（尖りすぎるとお客さんがいなくなってしまうと思われがちですが、これについては第3章で説明します）。

ブランドには「らしさ」「こだわり」「独自性」といったものがとても重要です。強いブランドにはこれらが必ずあります。これらがあるからこそ、お客さんからの共感が生まれるのです。そしてブランディング活動で「らしさ」「こだわり」「独自性」を築いていくことによって、ブランドの価値が上がっていくのです。ブランドの3C分析では、どこの市場で戦うかを決めたあと、自社の強みを中心に考えるとよいでしょう。

また、3C分析は、「自社」「顧客」「競合」のように順番で分析して「はい終わり」としないようにしましょう。分析のための分析にせず、あくまで「提供価値は何なのか」を軸にします。そのために、「自社」「顧客」「競合」それぞれの分析を行ったり来たりすることや、「自社―顧客」「顧客―競合」「自社―競合」それぞれの視点で考えることがとても重要です。

あなたのブランドが存在するのは何のため？

企業の多くは、企業理念や社是、クレド（よりどころとなる信条、価値観）など、企業としての使命や果たすべき役割を掲げていることでしょう。ここで企業理念や社是の違いについて議論はしませんが、重要なことは、あなたのブランドが企業としての使命を果たすための存在かどうか、一翼を担っているかどうかということです。

マネジメントの父、ピーター・ドラッカーは、『ドラッカー5つの質問』（あさ出版）の最初の問いで、「われわれのミッションは何か」を聞いています。

「ミッション」とは任務や使命のことを言います。使命とは「命を使うこと」、つまりブランドとして「命を懸けて果たさなければならない任務」のことです。「何のため？」を問うことが、ブランドにおいてとても重要なのです。

なぜかというと、人間同様、信念のないブランドにはなかなか共感してもらうことはできないからです。なんとなく格好良く、なんとなくオシャレで統一感があり、なんとなくデザインの良いブランドはいくらでもあります。しかし、それだけでは、短命で終わるファッションのようなものです。

ブランドは長年にわたって構築していくものです。信念や理念を掲げ、それに共感してもらうことで、強いブランドを構築することができるのです。

ミッションの重要性

Facebookのミッションは「世界の絆を強める（Bring the world closer together）」です。分断された社会が、Facebookを通じて絆を強めることで平和になってほしい、という強い信念を感じます。Facebookの存在する意義を強く感じることができるし、とても前向きで共感が持てます。

また昨今、食品の偽装事件や異物混入、データ偽装など、伏せたい事実を隠蔽する事件が頻発しています。利益を優先した結果、このような事件につながったのでしょうか。企業に「お客さんに安全を届ける」というミッションがあり、そのミッションが従業員に浸透していたのならば、防ぐことができたかもしれません。

これらの事件が明るみに出たことによって、長期間かけて築き上げたブランドがひどく傷つき、毀損してしまったことは、容易に想像できます。

何ごとも、深い信頼を得るには時間がかかりますが、破壊されるのは一瞬です。企業のミッションは決して、社長室や会議室にある額縁の中の形骸化された文章であってはいけないのです。

ドラッカーはさらに、著書『マネジメント――基本と原則』（ダイヤモンド社）で、「事業の目的は利益ではない」と言っています。ブランドも同様でしょう。組織は人と社会の役に立ってはじめて、存在する意味があります。企業の目的は利益を上げることではなく、利益は企業にとっての責任であり、目的を果たすための条件なのです。

ブランドの現状分析を行うにあたっては、企業としてのミッションを確認し、その上で、より強い使命を持ったブランドを築いていくことを目指しましょう。

成功するブランドは、「こうすれば勝てる」が明確

「自社の強み」を生かし、「顧客のホンネ」を探り、「競合と差別化」できるところこそが、ブランド戦略の根幹となり、ブランドの提供する価値となります。自社にとっては「こうすれば勝てる」というところです。図2-3

ブランドが提供する価値とは、わかりやすく言うと、ターゲットとなる顧客が「そうそうこんなのが欲しかったの」と思わず引き寄せられる、他社にできない自社ブランドならではの特徴を言います。

とはいっても、企業側が良かれと思って提供したものと、お客さんが求めているものにギャップがあるというケースは、よくあります。

例えば、テレビのリモコンのボタンは、なぜあんなにたくさんあるのでしょうか。企業側は良かれと思い、あれもこれもと機能を付けているのかもしれません。しかし、利用する側としては正直、ボタンは多いし、何に使うかわからないし、使うボタンは限られてい

2-3 STEP1 自社・顧客・競合 調査分析

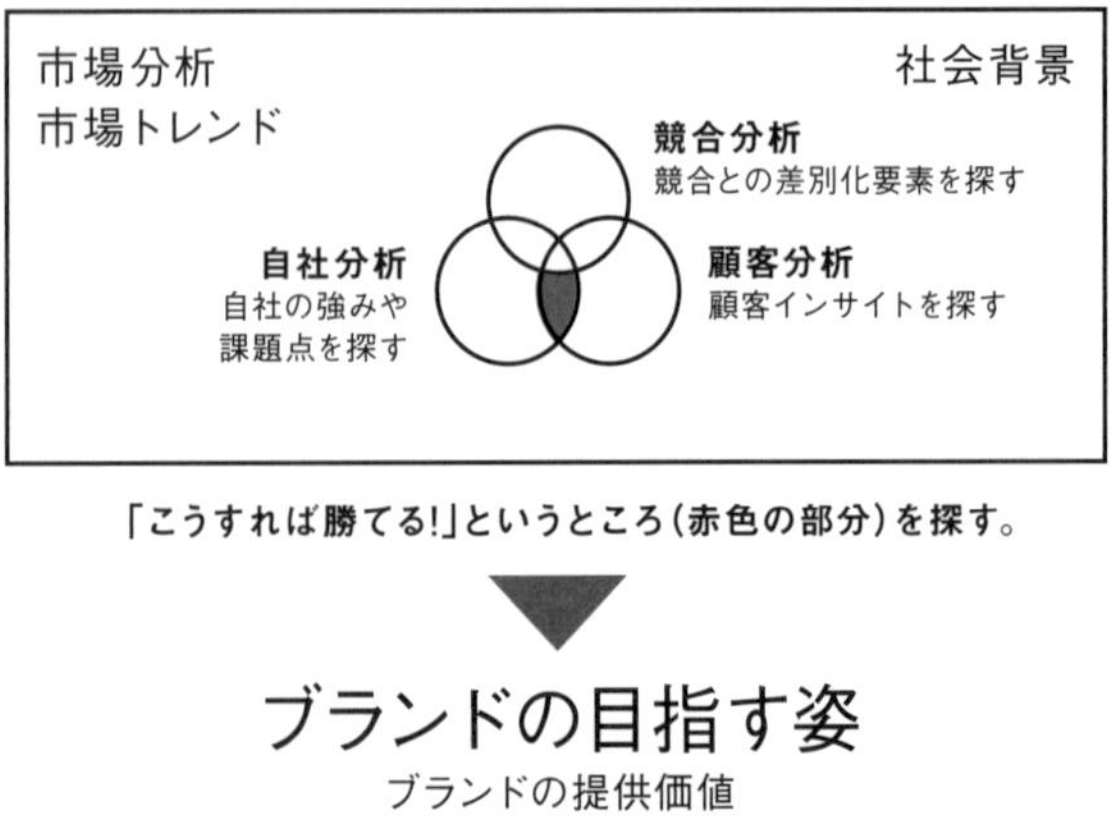

るので、「こんなに必要ない」と思っている人も多いのではないでしょうか。

ただ、求めているものが何かをお客さんに聞いたところで、お客さんの期待を上回るようなものがつくれるかどうか疑問です。だから、自社、顧客、競合について分析する必要があるのです。

今でこそ当たり前になったスマホも、スマホが世に出る前に「どんな携帯電話が欲しいですか?」と聞いてみても、「手のひらサイズで、タッチパネルで、さらにインターネットができて、音楽が聴ける電話が欲しい」といった答えは、出てこなかったと思います。iPhoneを手にしてはじめて、「そうそうこんなの欲しかった!」と思ったのではな

2-4 **セブンプレミアムの場合（ポジショニングマップ）**

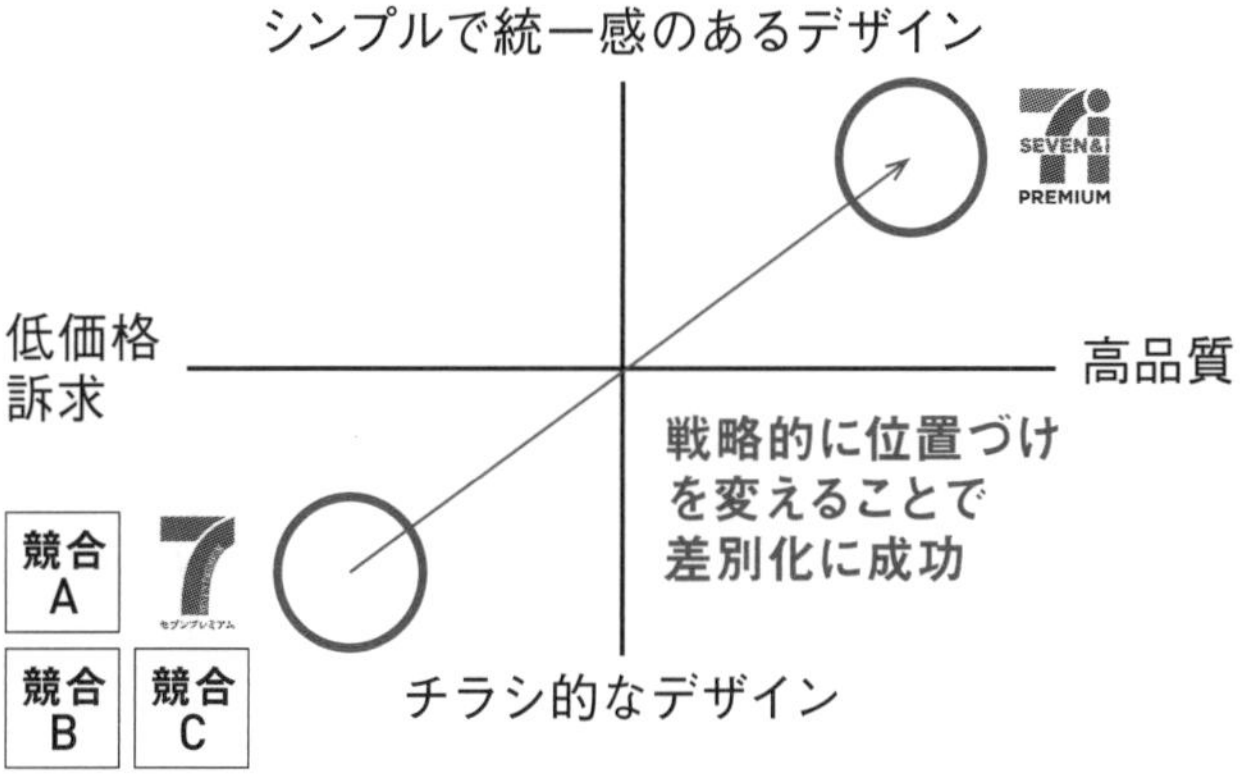

いでしょうか。

成功しているブランドは、「こうすれば勝てる」というブランドの提供価値がとても明確です。

ひとつの例として、セブン&アイグループのPB「セブンプレミアム」が挙げられます。当時ほとんどの日本のPBが安さを軸にし、デザインはメーカー品とそっくりなものや質感があまりないものが主流だったのに対して、著名クリエイティブディレクターの佐藤可士和氏を起用し、シンプルさと気品のあるデザインにしたのです。また、商品についても「PB＝品質が良くない」と思われていた時代に「品質の良さ」という価値を前面に打ち出したことで、成功しました。図2-4

さらに「金の食パン」や「金のビーフシチュー」など、素材や美味しさにこだわったワンランク上の付加価値の高い商品も開発し、好評を博しました。通常のパンやビーフシチューと比較して値段が高いにもかかわらず、また、「PB＝安い」と思われていたにもかかわらず、売れているのです。

お客さんにとっての価値が何かがわかれば、決して難しいことではありません。その価値を高めていくのがブランディングです。価値を高めて打ち出し、その価値をお客さんが認めれば、金の食パンのように、高くてもたくさん売れるのです。

客観的事実や特徴から自社の強み・課題点を探る

「こうすれば勝てる」というところを見つけるために、まずやるべきことは「自社の強み」の分析です。

「そうは言っても、うちの会社に強みなんて…」と思っている方もいるかもしれません。しかし、どんな人にも何かしら「強み」があるように、ブランドにも必ず「強み」があります。「強みがない」という場合、明確にしていないか、気づいていないだけかもしれません。ぜひ社内で徹底的に議論して、「強み」を探し出してください。

お客さんからしてみれば、ブランドに明確な「強み」がないのなら、そのブランドである必要はありません。同等の品質で価格の安い競合が現れれば、そちらに移っていってしまうでしょう。そうなると、価格競争が待っており、血みどろの戦いをしなくてはなりません。つまり、レッドオーシャンということになります(図4−2参照)。

誰も血みどろの戦いはしたくないですよね。だからこそもう一度、自社の強みを問い直してください。「強み」とは、自社のこだわりの部分であり、他社に対して優位性のあるところを言います。

強いブランドは、そこが明確です。ダイソンは「洗練されたデザインと吸引力」、スターバックスは「おしゃれな空間と美味しいコーヒー」、無印良品は「無駄のないシンプルなデザイン」など。必ずと言っていいほど、圧倒的な特徴のある強みを持っています。

まずは、客観的事実や特徴などから自社の「強み」を探し出していきましょう。同時に、「課題点」も忘れずにチェックしましょう。

■ブランドの認知

あなたのブランドは全国で、または地域でどれだけの人に知られているでしょうか。「悪名は無名に勝る」と言います。悪名である必要はまったくありませんが、ブランドにおいて無名は悪です。「知られてナンボ」です。

人はよく知っている方を好み、信頼する傾向にあります。何かを依頼するとき、知らない人より知っている人に頼むはずです。

つまり、ブランドにおける確固たる評価を得るためには、まず認知される必要があります。第7章でも説明しますが、ブランドは認知→理解→好意→愛着とステップを踏んでいき、忠誠心の高いブランドのファンを増やしていくことがとても重要です。

ブランド認知には、「ドラッグストアといえばどこ?」と手がかりなしにブランドを思い出せる「純粋想起」と、「マツモトキヨシを知っていますか?」と手がかりを与えられると思い出せる「助成想起」があります。

自分たちが考える認知度と客観的事実には、ギャップがあります。以前、ある企業が「ユーザーの7割は自分たちのブランドを知っているのではないか」という肌感覚を持っていたものの、実際は3割以下だったという結果が出たことがありました。認知されている場合とされていない場合とでは、行うべき策がまるで違います。ブランドが狙う市場でどれだけの人が知っているかを、極力正確に把握しましょう。

ただ認知されていればよいというわけではなく、目指す方向と合っているかどうかも確認しなければなりません。「斬新さ」を目指していたのに、「古くさい」と思われていては、ブランドが目指す方向へは行けません。いかにブランドが認知され、理解されて好意を持たれているかを確認しましょう。

■ブランドの資源（リソース）

社内でブレインストーミングなどを行い、自社にある資源（リソース）から「自社ならではの強み」「他社に負けないところ」を挙げていってください。

商品であれば、商品の品質、スペック、産地、こだわりの原材料や製法、デザイン力などがあるでしょう。アップルのMacBookなら「こだわりのスリムなデザイン」や「アルミを使った軽量かつ頑丈なボディ」、マツダなら「先進的なデザイン」「スカイアクティブエンジン」などが挙げられます。

また、サービス業であれば、立地、建物の空間、技術力、接客、営業力、サービス、対応の早さ、企画力・アイデア力などがあるでしょう。スターバックスなら「くつろげるオシャレな空間」や「産地や焙煎にこだわったおいしいコーヒーの提供」「レベルの高いスタッフたちのコーヒーの知識や振る舞い」など、ヨドバシカメラなら「圧倒的な品揃え」や「商品の知識が豊富なスタッフによる接客力」、マツモトキヨシなら「都心や駅前の立地」や「化粧品の充実」といったところでしょう。

もしないのであれば、他社にない「強み」を新たにつくることも一案です。

■ブランドの伝統

歴史のあるブランドには伝統があります。創業者や経営者、本部スタッフなどにヒヤリングしたり、「社史」「周年史」「経営理念」といった社内資料や、雑誌・新聞に掲載された「歴代の社長の発言」を徹底的に読み込むなど、ブランドの伝統・DNAとなるものが何かを解き明かしてください。比較的新しいブランドでも、経営者やブランドを立ち上げた人には想いが必ずあり、それを明確にすることができます。

ヒヤリングでは、「なぜ立ち上げたのか？」「ブランドにとって一番重要なことは何か？」「将来残していきたいことは何か？」などを質問し、「会社のアイデンティティー」を確認することで、コアとなる技術や先代から伝わる哲学を再認識していきましょう。

サントリーには、創業者である鳥井氏の「やってみなはれ。やらなわからしまへんで」という言葉があります。この言葉は、時代を超え、企業DNAとなり、サントリー社員一人ひとりの背中を押す要因となっているそうです。

先日あるセミナーで、サントリーの開発担当者がなぜハイボールを新商品として開発したかを説明する際、「サントリーには『やってみなはれ』の精神が脈々と流れているんです」と語っていました。この精神が社員にしっかり浸透していることがうかがえます。

自社が気づいていない強み、課題を探す

自社でいくら議論しても自社の良さに気づけないということはあるでしょう。ドラッカーは、「誰でも自らの強みについてはよくわかっていると思う。だが、たいていは間違っている。わかっているのは、せいぜい弱みである。それさえ間違っていることが多い」と言っています。

「ジョハリの窓」の活用

そこで紹介したいのが「ジョハリの窓」です。これは、サンフランシスコ州立大学の心理学者ジョセフ・ルフトとハリー・インガムが発表した「対人関係における気づきのグラフ」のことで、これを後に、二人の名前を組み合わせて「ジョハリの窓」と呼ぶようになったそうです。自分が見た自分と、相手から見た自分を4つに分けて自分を理解するとい

2-5 ジョハリの窓

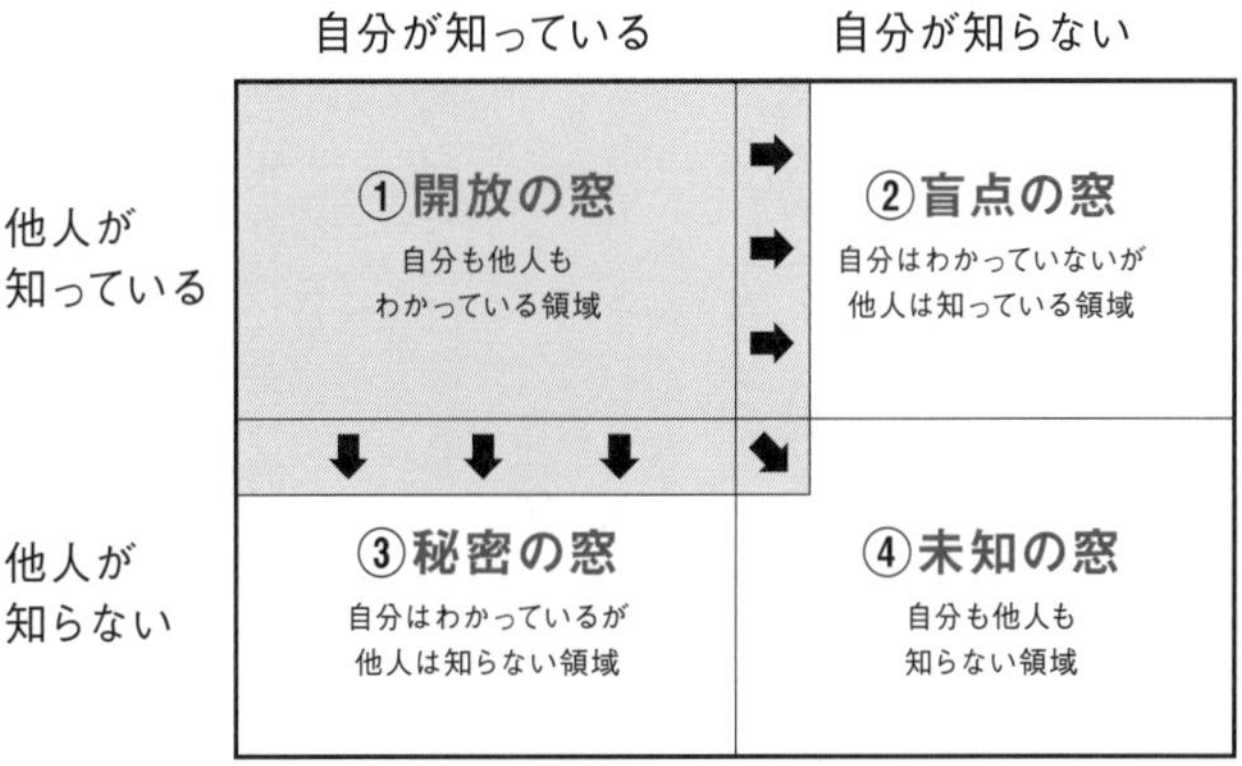

うものです。図2-5

４つのうち特に注目したいのが、②の盲点の窓、「他人が知っていて自分は気づいていない領域」です。

よく、自分の良いところは自分自身が一番わかっていないと言いますが、ブランドについても同様のことが言えると思います。自社では当たり前と思っていたことが、見方を変えたら実は最大の強みだったということもあるでしょう。盲点の窓を活用し、「そんな素晴らしいところがあったのか！」をぜひ探しましょう。

「盲点の窓」――自分はわかっていないが、相手は知っている領域を探そう

では、どのようにすれば、自社ブランドの「盲点の窓」を見つけることができるのでしょうか。調査会社に本格的な調査をお願いし、対象となる顧客を集めて詳しく質問するなど、何らかの調査を行うことで、「盲点の窓」を見つけることができるかもしれません。しかし本書の読者には、費用を極力抑えたいと思っている方が多いかと思います。

そこで、「自分たちでは気づかなかった、自社の強み」を探す方法について、費用をかけずに行えるものをいくつか紹介しますので、ぜひ活用してください。

1―実際のお客さんに聞く

顧客に直接、自社のブランドについて聞くことで、自社の強みがわかることがあります。お客さんがそのブランドを選択するには、それなりの理由があるからです。

ただ、お客さんに漠然と「私たちの強みは何だと思いますか?」と聞いてもなかなか答えは出てこないでしょう。「なぜ他社のブランドではなく、私たちのブランドを選んでくれたのですか?」など、他社と比較してもらうと、お客さんも答えやすく、ヒントとなる

キーワードがたくさん出てくるかもしれません。

2―ネット上の口コミから情報を得る

ネット上の口コミや書き込みから商品やブランドに関する情報を入手するのもよいでしょう。Twitterや Instagramなどの SNSや、アマゾン、@cosme、価格.com、食べログなどの、評価コメントが書かれている口コミサイトも非常に参考になります。

SNSや評価サイトの書き込みは、誰かに忖度《そんたく》せず書かれていることが多いので、ホンネの意見を探すことができます。マーケターの中には、調査会社が対象者を集めて行うインタビュー調査よりも、よりホンネを探すことができるという人がいるほどです。ネット上の書き込みはとても参考になります。

3―お客さんになりきる

自分自身がお客さんになりきり、自社の強みや課題点を考えるのも一つです。働いていると、どうしても売り手側の立場だけで物事を考えてしまいます。一切の業界の知識、今まで培ってきた経験などの固定観念を捨て、お客さんになりきって議論してみましょう。

その際、どんなお客さんなのか、具体的なお客さん像をイメージすることがポイントです。例えば、「40代、専業主婦、4人家族、世帯年収600万円、旦那さんの職業はメーカー勤務」のように、お客さん像（第3章の「ターゲット」参照）を設定してください。そして、その人になりきり、その人ならどういう行動をとるか、お客さんになったつもりで、自社や競合の商品を購入したり、競合のサービスを受けてみたりするなど、徹底的に強みや課題点を比較してください。

視点を変えることで、自分たちが気づかなかったことに気づくことがあるでしょう。

4—新入社員や競合他社から転職してきた社員に聞く

新入社員や競合から転職してきた人が自社内にいるなら、ぜひ自社のことについて「他社の視点」で今までどう見ていたのかを聞いてみましょう。

新入社員などあまり日数の経過していない社員は、自社の文化に染まっていません。外からの目線で冷静に見ている時期ですので、「他社の視点」で自社の良さを話してもらう良い機会でしょう。

また、競合他社が自社をどう思っているか直接聞けることは、なかなかないでしょう。

競合からきた社員なら「競合から見た自社の視点」で話を聞けるので、これはある意味チャンスと言えます。競合からわざわざ転職してきたということは、その会社に魅力があって入社したということが考えられるので、自社の魅力を存分に語ってもらいましょう。

5―営業担当や店舗など、お客さんに一番近い従業員に聞く

店舗を持つ小売などのサービス業であれば、店舗で働く現場の従業員に、自社について聞くのもよいでしょう。店舗の従業員は直接お客さんと接する機会が多いので、より客観的な立場で自社のことを見ているはずです。

お客さんから「美味しくない」とか「あまり効き目がない」などの不満を聞くこともあれば、「すごく良かった」などと褒められたこともあるはずです。そういった貴重なお客さんの生の声を聞いている従業員の声は、とても参考になるでしょう。

6―従業員の家族・友人に聞く

従業員の家族や友人といった人たちも、貴重な意見をもらえる方々です。実際にインタビューしてもいいでしょうし、アンケートをお願いしても協力してもらえるはずです。生

活用品なら、実際に使ってもらい、その商品やブランドについての意見をいただくことも
できるでしょう。

第3章

「顧客の本当のホンネ」を探す
〈インサイト〉

ブランドの本当の顧客は誰か

経済が成長しているときは、すべての人をターゲットにしてもよく売れたかもしれませんが、消費者のニーズが多様化した昨今では、それではなかなかうまくいきません。お客さんの心に刺さるような、強いブランド力が必要です。それには、お客さんを絞ることが必要です。

本章では、顧客を中心に、どういった人をターゲットにすればよいか、顧客の「ホンネ」をどのようにして理解していくのかを見ていきます。

ブランドのターゲットは誰か

まずブランドのターゲットについて考えていきたいのですが、「あなたのブランドのターゲットは誰ですか?」と聞かれたら、率直になんと答えるでしょうか。

私が以前、あるブランドを担当していたときにこの質問をしたところ、その会社のスーパーの担当者から、「お店に来てくれる人すべて」という答えが返ってきました。よくよく聞いてみると、「たくさん売りたいから、できるだけ『多くの人』がターゲット」ということを伝えたかったのだそうです。

確かに「多くの人」に売りたいから、ターゲットを「多くの人」にしたいという気持ちもわかります。しかし「多くの人」といえば、年齢が10代の人も、60代の人も含まれるかもしれません。また、派手なデザインが好きな人も、質素なデザインが好きな人も含まれるでしょう。非常に幅広い人が対象となっています。

ちょっと極端な話ですが、そんな風に年代も趣向も幅広く、要素をあれこれ入れた「多くの人」を対象にしたブランドとなると、特徴があまり見えてこなくなってしまいます。

要素をいろいろ入れると特徴がなくなってくるというのは、たくさんの色の絵の具を混ぜるとどんどん黒に近づいていくことと似ているかもしれません。つまり、「多くの人」を対象にすればするほど、ブランドとしての特徴がなくなり、平凡なブランドになってしまうのです。

逆に、「10代の派手好き」と「60代の質素好き」と分けるだけでも、お客さんがどんな人かクリアになり、よりイメージが湧いてくるのです。

例えば、「どちらかというと派手好きで、仲間と遊ぶことを好み、友達と公園でスケボーを楽しむような10代後半の男子」という風に、より具体的に理想のお客さんをイメージすることで、ブランドのお客さん像がより明確になっていきます。

そのような理想のお客さん像を、「ブランドのターゲット」といいます（ブランドのコアターゲットともいいます）。

言い換えれば、企業側（ブランド側）が「こんな人に利用してほしい」という象徴的な人であり、ブランドの価値観・世界観に共感できる人のことです。

ターゲットの属性は「人口統計的」「心理的」側面から考慮する

理想のお客さん像を考えるときは、「届けたいブランドの良さをわかってくれる人は、いったいどんな人なのか」を明確にすることが重要です。

ターゲットというと、「10代の男性」とか「M1層」のように、人口統計学的属性だけで示されることがあります（M1層＝ターゲットとなる顧客を性別・年齢層で分類したもの。M1のMはMale＝男性の意。女性はFemaleのFで示す。1は年齢層を示し、20〜34歳のこと。2は35〜49歳と続く）。

もちろんそれも重要ですが、「10代の男性」というだけでは、その人の好みやライフスタイルが見えてきません。家で黙々とゲームをするのが好きな人もいれば、仲間と外で遊ぶのが好きな人もいるでしょう。

以前と違い、現代社会では、ライフスタイルや価値観がより多様化してきていることから、ターゲットとなる顧客をより深く検討する必要があります。具体的には、性別や年齢など人口統計的（デモグラフィック）な側面と、ライフスタイルや価値観といった心理的（サイコグラフィック）な側面を捉えることが大事です。図3−1

■人口統計的属性（デモグラフィック）

性別、年齢、職業、居住地、家族構成、学歴、年収など

■心理的属性（サイコグラフィック）

性格、価値観、ライフスタイル、気持ち、嗜好《しこう》性、悩み、願望など

ブランドはお客さんの頭の中でつくられていくものなので、好き嫌い、楽しさ、おしゃれ、憧れなど、ライフスタイルや価値観などの心理的側面を検討することがポイントになってきます。

ターゲットを表面的にだけでなく、心の奥を読み取った上で設定することで、お客さんに選ばれ、「大好き！」と言ってもらえるような魅力的なブランドになります。そのためには、ターゲットを意識した価値観や世界観をつくることが必要です。

「すべての人」「多くの人」と答えていた先ほどのスーパーの方に、その後「『多くの人』と言う中でも、特にどんなお客さんのことが気になるのか」を聞いたところ、「新鮮な魚や旬の野菜を扱っているから、美味しい手料理をつくって家族に喜んでもらいたいと思っている主婦かな」と話していました。「多くの人」と比べると、だいぶ具体的です。

「売りたい人」がターゲットではない

その後の顧客調査で、主婦の中には毎日の献立を考えるのが煩わしく、スーパーの生鮮売場で食材を見ながら「何にしようか」と悩んでいる人がいることがわかりました。その

3-1 ターゲット検討の例

■人口統計的属性（デモグラフィック）

性別、年齢、職業、居住地、家族構成、学歴、年収など

年齢
31

性別
女性

職業
専業主婦

家族構成
4人家族
夫32歳 会社員
長女6歳
長男4歳

居住地
東京都
小平市

学歴
短大卒

■心理的属性（サイコグラフィック）

性格、価値観、ライフスタイル、気持ち、嗜好性、悩み、願望など

ライフスタイル
賃貸マンションに夫と2歳の娘と3人暮らし

願望
いつかはマイホーム

性格
明るくて堅実
家庭的

価値観
節約好き
生活感をあまり出したくない

趣味
家族でBBQ

写真：PIXTA

ような主婦は、スーパーでどんな価値に対してお金を支払うのでしょうか。

「売りたい人」はどんな人かと考えると、売上・粗利を稼ぎたいという心理から、どうしても「あの人もこの人も」となり、「多くの人」となってしまいやすいのです。

そういったときには、ターゲットを「売りたい人」ではなく「買いたい人」、つまり、「価値に対価を支払っていただく方々」という視点で考えることが必要です。


スーパーの方はその後、献立に悩んでいる主婦に対して、「この魚をこのように調理すると簡単で美味しいよ！」ということを提案すべきではないかと話していました。そんな風にターゲットがより具体的になれば、お客さんの求めていることが想像でき、ブランドがターゲットとするお客さんに提供する価値も、明確になってくるはずです。

先のスーパーの場合、お客さんに満足してもらうためのカギとして、「より鮮度の高い生鮮食品を」「毎日の献立に悩むお客さんに」「わりと短時間で簡単に料理ができる、毎日のレシピを提案する」といったことが見えてくると思います。ターゲットを具体的に、明確にすることで、よりお客さんの心に刺さる展開が導き出されるのです。

ターゲットを絞ることで売上が少なくなることはない

「ターゲットを狭めれば尖りが出るが、対象とする人数が減り、売上が下がってしまうのではないか」という疑問をよく聞きます。

例えば、コーヒー店が「静かな空間でくつろぎながら、本格的な美味しいコーヒーを飲みたい人」をターゲットとした場合、わいわい話したい学生やファミリー層が来なくなって、売上が減少するでしょうか。むしろ、うるさい空間が嫌だと思っていた人のニーズを掘り起こすことで、お客さんが増えて売上も増える可能性があります。

そのほかにも、禁煙を徹底して売上を伸ばすとか、逆に、喫煙スペースを設けてタバコを吸いたいサラリーマンを取り込むなど、むしろターゲットを絞ることで売上を伸ばすことができるでしょう。

つまり、ターゲットを絞っても売上が下がることはないのです。

ターゲットを絞ることでブランドがより魅力的になれば、ファンが増えます。気に入ってくれたお客さんは、何度も来てくれたり、リピートして購入してくれるでしょう。

さらに、友人やネットにも紹介してくれれば、広告費をかけずに宣伝もしてくれます。

また、商品ブランドなら、同じブランドの別の商品を購入してくれる可能性もあるでしょう。いかにターゲットの方々が、そのブランドに貢献してくれるかがわかると思います。

売上を確保するための戦略的ターゲット

それでも、「ターゲットを絞ったら売上不振になるのでは」という不安があったとします。そんなとき「売れないのはそもそものマーケティング戦略が悪いからだ。ブランドは悪くない」というわけにもいきません。「買ってくれる＝ブランドが評価された」ということを理解しなくてはなりません。売れてこそ成功、ということです。

以前、全国展開しているあるブランドを担当していたとき、ターゲットを「都会的で洗練されたデザインを好む人」というような、わりと尖った方向性のブランドにしようと、現場の責任者に説明をしました。すると、その責任者から、「それでは地方に住む方には馴染みがなく、まったく売れなくなるのでは」という意見をいただきました。

その不安はよくわかりますし、ブランディングは全社で行っていくことなので、それを無視することもできません。「ターゲットを絞ることで、そのターゲットの対象にならない人が購入しなくなる」という不安を払拭しなければならないのです。

そこでポイントとなるのが、84ページで説明した「ブランドのターゲット」（ブランドのイメージする象徴的なターゲット）に加えて、「売上を確保していくためのターゲット」を見ることです。これを戦略的ターゲットといいます。

戦略的ターゲットとは、言い換えると「売上の最大限確保を可能にする顧客層」です。スーパーの場合、生鮮食品を買いに来る主婦もいれば、お酒を買いに来るおじいちゃんや、閉店近くにお惣菜を買う独身のビジネスパーソンもいるでしょう。周辺に競合のスーパーがあるなら、近辺にどんな人がどれくらい住んでいるかということも考える必要があります。ターゲットを考える上では、この「売上を最大限確保するための戦略的ターゲット」と、「ブランドのイメージする象徴的なターゲット」（ブランドのターゲット）とを分けて考えることが大事です。図3-2

3-2 戦略的ターゲットとブランドのターゲット

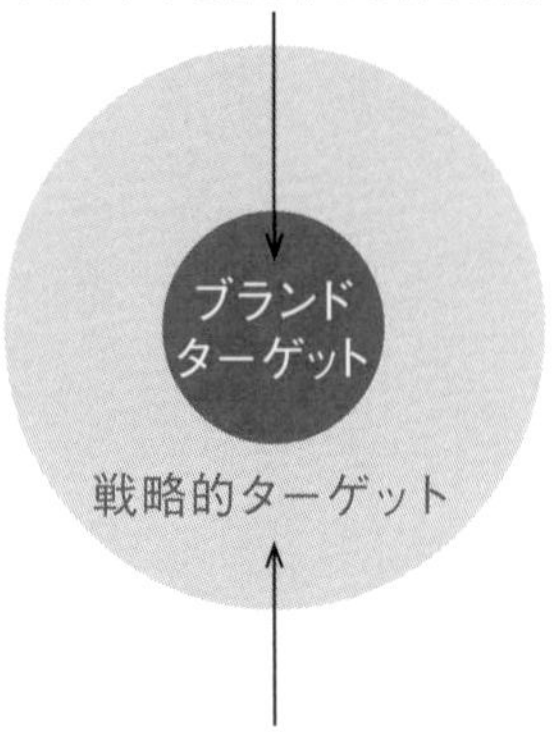

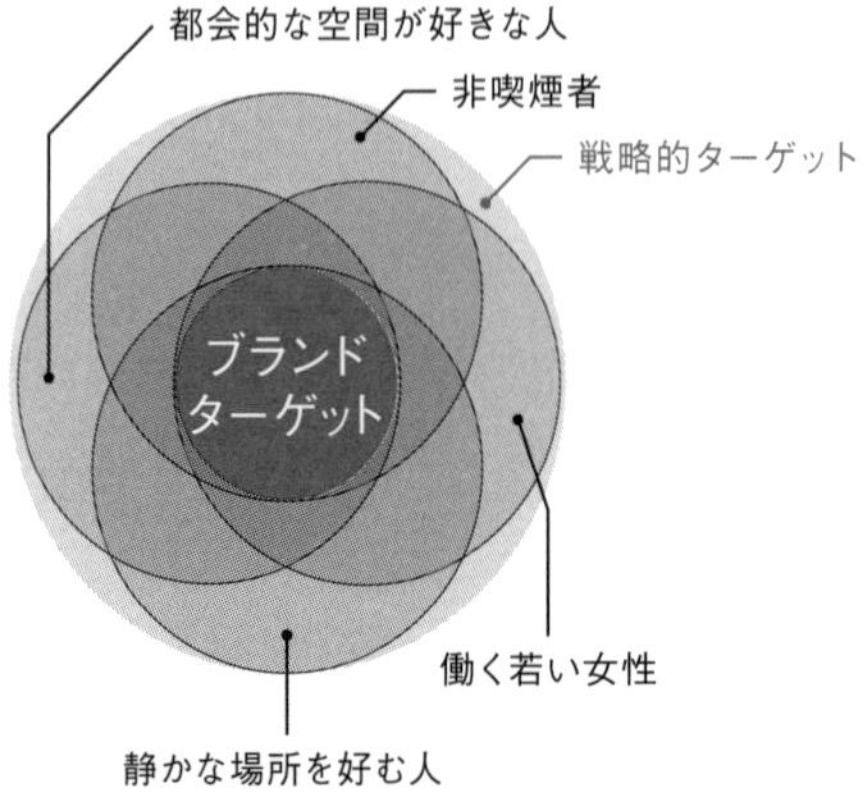

それぞれの要素の重なり合うところが
ブランドターゲット

ターゲットはどこまで絞ればよいのか

ブランドのターゲットは狭めれば狭めるほど、より特徴のあるブランドになり、よりこだわりの強い客に刺さるのですが、ターゲットを絞りすぎると、ビジネスとして成り立つかが微妙になってきます。

例えば、「山登りをする人」がターゲットのとき、そこには「３０００m級の山に登る人」も「家族で高尾山や筑波山に登る」人も含まれます。仮に「エベレストに登る人」をターゲットにしたいという場合、それ自体は悪いことではないのですが、「エベレスト登頂を目指す人はかなり限られている」ことを理解しておかなくてはなりません。

一方、ターゲットを広げると、対象顧客は増えるように見えますが、広げるにつれて尖りがなくなってしまいます。また、競合ブランドとも戦う領域に入ってきてしまうので、緩めながら尖らせ、そしてまた絞るという、柔軟な発想が必要になるでしょう。その絞り具合は、ブランド担当者の腕の見せどころと言えるでしょう。

絞り具合を調節したいときには、「ターゲットが理想とする象徴的な人」を設定することで、よりお互いが明確になります。これを、シンボリックターゲットと言います。

例えば、「すべてに妥協しない人」「とにかくこだわりぬく人」を理想とするのであれば、シンボリックターゲットはサッカーの本田圭佑氏や、イチロー氏になるでしょう。

ブランドのターゲットを絞りすぎたと感じたときには、「ターゲットが憧れる人や目指す人はどんな人なのか」という風に、理想となる象徴的な人を考えながら、両方のターゲットの距離感を考えて議論するのが良いでしょう。

客層を広めたい場合も、緩めるとぼやけるので、ターゲット層をより細かく切り分けることで、明確に焦点を合わせることができます。

例えば、アウトドアブランドのLOGOSは、いわゆる〝こだわり層〟をターゲットとしているわけではないのですが、ターゲットはファミリー層を中心に、「水辺5メートルから標高800メートル」の領域としていて、とても明解です。家族みんなが笑顔になれるのがこのフィールドだからだそうです。

また、アルペングループのスポーツ用品のプライベートブランドIGNIO（イグニオ）は、スポーツのビギナーがターゲットだそうです。本格的にそのスポーツをやるかどうかわからない人にとっては、高価なブランド品より、安価でもそこそこの品質でそのスポーツが自分に合っているかどうか試せる、オリジナルブランドの方がよいわけです。

「ペルソナ」を設定して、ターゲットを具体化する

一人のお客さんを喜ばせることができずして、10人20人とお客さんを喜ばせることができるでしょうか。そう考えると、ブランドの究極は「具体的な一人を喜ばせられるかどうかにかかっている」とわかると思います。

では「具体的な一人」とはどんな人なのか。ブランドのターゲットはどんな性格で、どんな日々を過ごしているのか、より深い考察がないと、何を求めているか想像がつきづらいでしょう。

そこで有効なのが、「ペルソナ」の設定です。「ペルソナ」とは、ターゲットの代表的な一人を具体化した、象徴的な顧客像のことを言います。

ペルソナとブランドのターゲットの違いは、その設定の深さです。ブランドのターゲットから代表的な一人を抽出し、年齢でもライフスタイルでも、より象徴的なところをピックアップしてつくりあげる人物像、というのがペルソナです。

ペルソナ設定の良いところは、ターゲットの視点で考えられる点にあります。「この人ならこんな行動をするのではないか」など、ヒントを探すことができます。

また、社内でブランドを語るときにも、別々の部署でブランドのターゲットを語る際に、ペルソナがあることで意思統一を図ることができます。ブランドづくりでは一貫性が重要なので、部署ごとにターゲット像がずれることがあってはならないのです。

ペルソナは、実際には存在していない人物なのですが、性別、年齢、住まい、職業、年収などの人口統計学的属性（デモグラフィック）から、価値観、趣味、趣向、ライフスタイルなど心理的属性（サイコグラフィック）まで、あたかも本当に存在するかのように、リアリティのある人物を設定していきます。

図3-3は、忙しい日々の暮らしの中で、買い物については価格を重視し、やりくりしながら幸せな暮らしをしたいと思っている主婦をターゲットにしたブランドの、ペルソナ設定の例です。より具体的な人物像や価値観が見えてくることがわかると思います。

ペルソナはできるだけ、「本当にいそうだ」と思わせるような設定がよいでしょう。リアリティが高いことによって、ブランドに携わる人がそのペルソナに共感できたり、その人を喜ばせたいと思うからです。ぜひ名前も設定してみてください。

3-3 ペルソナ設定の例

名前：宮崎 千佳（仮名） **年齢：**30 歳
職業：専業主婦
家族構成：4人家族
夫 32 歳会社員（メーカーの営業職）、
長女 6 歳、長男 4 歳
居住地：埼玉県春日部市（家賃 8 万円の 2LDK のアパート）

日頃の思い：

夫からは、「専業主婦は家で暇してる」と思われているけど、そんなことはありません。

子供が幼稚園に行っている間に、掃除、洗濯、お買い物など、やることがいっぱい。とにかく毎日が忙しくて、あっという間に時間が過ぎていきます。子供たちは食べ盛りで、けんかはしょっちゅう。本当に手が掛かります。夫が少しくらい手伝ってくれたらなって思います。

長女は来春から小学生。水泳やピアノなど、習いごともしたいみたいだし、なにかと出費がかさみます。下の子が小学校に上がったらパートに出たいです。車を買ってしまったので、念願のマイホームはまだまだ先かな。

自分で言うのもナンですが、私はやりくり上手。ポイントやクーポンを使いこなすのが得意だし、スーパーでは良いものをより安く買うコツを人に教えていたくらい。また、100 均で買ったもので部屋を上手にデコレーションするのが大好きで、友達が来たときにみんなが「すごいね」って言ってくれるのがとても嬉しいです。

楽しみといえば、子供と何かを一緒につくること。先日は長女と「七宝焼きマグネットづくり」の教室に行きました。また、週末は子供たちと公園で遊んだり、GW や夏には、家族で山や川に出かけたりするのが楽しみです。

お金のやりくりは大変だし、自分だけのゆっくりした時間はないけど、元気いっぱいの子供の笑顔を見てると私も頑張れます。

どんなストーリーで商品にたどり着くかを考えると、
低価格を打ち出すだけでは刺さらないことが想定される。

写真：PIXTA

以前、ある企業のブランディングの仕事でペルソナを発表したとき、感情移入されたのか、涙ぐむ女性がいました。「宮崎さん大変だけど、笑顔でふるまって、頑張っているんだな。私も負けないように頑張ろう！」と言うのです。共感を生むブランドをつくるには、共感の得られるペルソナづくりが重要なのです。

もし、「売り手都合の単なる低価格ブランド」だった場合、どのような訴求になっていたでしょうか。「お客さんは、どうせ安い商品を求めているから、全商品に『激安価格』のようなことを表示すればよい！」となっていたかもしれません。しかし、宮崎さんのようなペルソナを設定し、彼女のことを深く考えているなら、そうはならないでしょう。彼女がただ単に価格の安さだけを求めていないことがわかるからです。

買い求めやすい、魅力的な価格であることは伝えつつも、ちょっとしたデザインの工夫や見た目の良さがあったり、やりくり上手をサポートしたりするような工夫があることで、安いながらも宮崎さんにも共感してもらえるブランドになるのではないでしょうか。

お客さんの購買に至る背景や前後のストーリーは、ブランディング活動を行ううえで基盤となるものです。ペルソナを設定し、その人物のことを考えることで、売り手都合の訴求ではなく、買い手からの共感が得られるようなブランドをつくっていきましょう。

顧客の心の奥底にある「ホンネ」を探ろう

ターゲットとするお客さんが特定できたら、今度は、そのお客さんが自らは語らない、心の奥底にある「ホンネ」を探っていきます。

あなたがコンビニでお茶を買うとき、いつもは伊藤園の「お～いお茶」なのに、なぜか今日はキリンの「生茶」を買っていたということはないでしょうか。

その理由は、もしかしたら、いつもより10円安かったのかもしれないし、キャンペーンなどでおまけが付いていたのかもしれません。または、新しいデザインなので「新商品なら試してみたい」と思ったり、あるいは「なんとなく」手に取ったのかもしれません。

では、「なんとなく」とはいったい何でしょうか。

「なんとなく」とは、そこまで意識していないのに、無意識のうちに購入を決断したということです。それは、あくまで本人の気づいていない無意識の状態で、よくよく聞いてみると、「いや、もしかしたら、あっさりしたのが飲みたかったのかも」とか、「夏だし、のどが渇くから、通常の500㎖より100㎖容量の多い600㎖を取ったのかな」など、意識しているようで意識していない理由があるのかもしれません。

考えてもみれば、私たちは様々なことを無意識のうちに行っています。朝起きてから寝るまでの一つ一つを意識しながら行動していては、疲れてしまうでしょう。人は意識的に行動しているのが5％で、残りの95％は無意識に行動しているそうです。つまり、ほとんどの場合、いちいち意識してお茶を買う判断をしているわけではないので、なぜ選んだかをあまり覚えていないのです。

そんな風に、人間の心の奥底にある「ホンネ」が何なのかを解き明かしていきます。お客さん自身も気づいていないような、この心の奥底にあるホンネを、マーケティング用語で「インサイト」と言います。

インサイトとは、（ブランドを選択する際の）お客さんの洞察や深い理解のことで、「購買意欲を後押しするボタン」とも言われています。インサイトは表面上ではわからないため、タマネギの皮を剥《む》くように、「なぜその商品を手に取ったのか」「なぜ購入したのか」など、「なぜ」を何度か繰り返すことによって中心にたどり着く、時には本人も気づかない「隠れた真実」なのです。

インサイトには、本人が自覚している「ホンネ」もあれば、自覚していても言い表せなかったり、言いたくなかったり、思い出せなかったり、そもそも自覚していない「ホンネ」もあるでしょう。図3-4

顧客の「ホンネ」を上手に解明し、インサイトを探すことが、ブランドづくりにおける成功のカギとなっていきます。

なぜ、顧客インサイトを把握することが大事なのか

「インサイト」がなぜそこまで重要かというと、顕在的なニーズは、既に競合他社も把握しており、そこをもとに開発された商品では、差別化することが難しいからです。

強いブランドをつくるには、競合他社がやっていないようなことを先取りしなければなりません。そのためには、お客さん自身もまだわからない、隠れた真実である「インサイト」をより早く把握することが必要であり、それが差別化のカギとなります。

お客さんに「どんな商品が欲しいですか」と聞いたところで、「お～それが聞きたかったよ」というような回答は、まず出てこないでしょう。お客さんに聞いてすぐ出てくるよ

3-4 インサイト

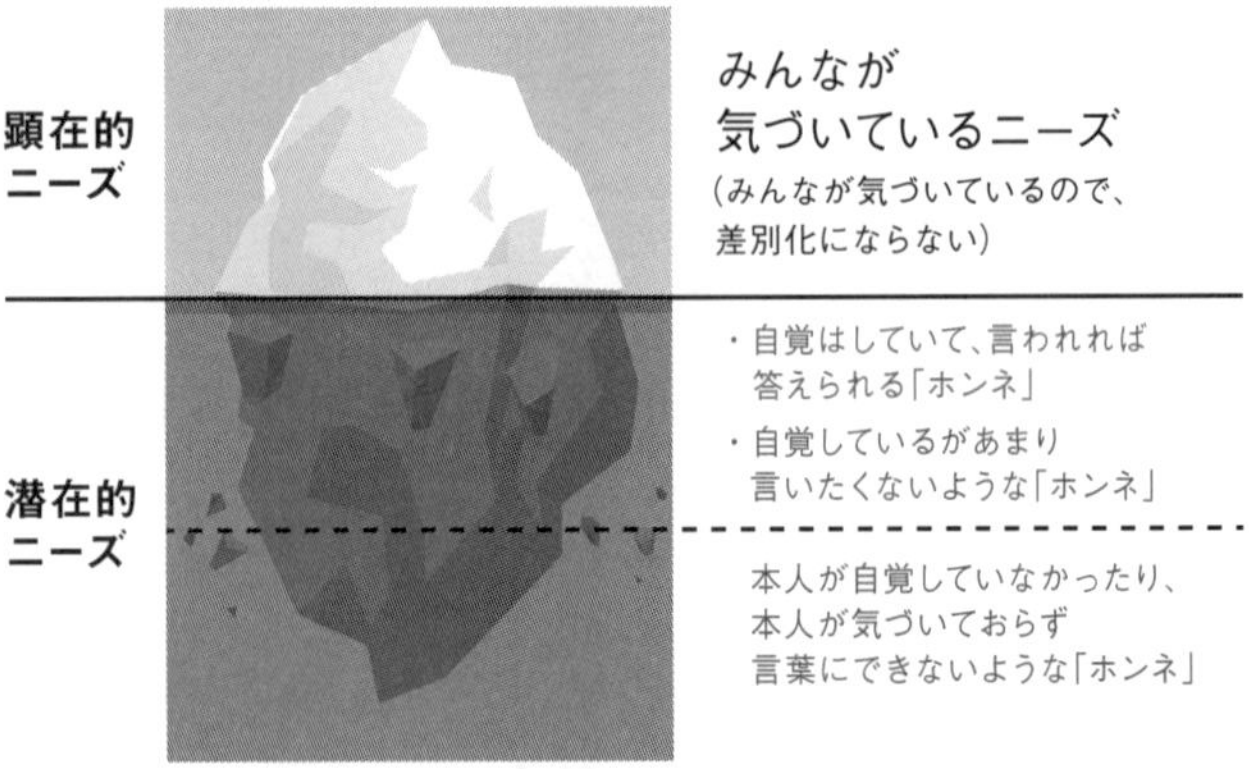
顕在的ニーズ
みんなが気づいているニーズ
（みんなが気づいているので、差別化にならない）
潜在的ニーズ
・自覚はしていて、言われれば答えられる「ホンネ」
・自覚しているがあまり言いたくないような「ホンネ」
本人が自覚していなかったり、本人が気づいておらず言葉にできないような「ホンネ」

うなアイデアであれば、他社も考えつくし、既に誰かがやっているかもしれません。

以前は、薄型テレビやデジタルカメラなど、誰もが持っていたわけではないので、つくればつくっただけ売れたかもしれません。技術的優位性があれば差別性は生まれるのですが、いまや技術的な違いがなくなり、機能的なことだけでは差別化が難しくなってきている時代です。

競合との違いがなくなってきている昨今では、お客さんが表に出していない、裏にある「ホンネ」の部分を早く探り出し、それに対する解決策をいち早く見出して、いかに差別化するかが、ブランドとしての勝負の分かれ道になります。

顧客のホンネ（インサイト）の探り方

では、インサイトはどのように探ればよいのでしょうか。

消費者にアンケートを取ったり、お客さんの生の声を聞いたり、購買行動を観察したりしているだけでは、お客さんの「ホンネ」はなかなか見つかりません。なぜそのような行動をとったのか、よく観察し、深掘りすることではじめて「ホンネ」を見つけることができます。

本来インサイトは、専門の調査会社などに依頼するのがいいのですが、本格的な調査はかなり高額です。予算が潤沢にあれば、お金をかけて精度の高いインサイトを探りたいところですが、それは現実的ではありません。調査会社ほど精度は高くありませんが、ここでは、コストを抑えてできる、行動観察をもとにしたインサイトの探り方について簡単に紹介します。

インサイトの探り方

1―購買前後の行動を細かく分けて予想する

カスタマージャーニーとも呼ばれる考え方ですが、まず、対象とする商品について、対象となるお客さんの購買前後の行動を予想していきます。

その際、「購買前」「購買時」「購買後」と分けます（例えば店舗なら、「店に入る」「売り場に行く」「棚を見る」など、それぞれの状況に応じて細分化し、考察するとよいでしょう）。

購買前なら、友達に紹介され、気になってＷＥＢでチェック、のように分けていきます。購買後なら、購入した商品を使用したり、ＳＮＳにアップしたり、友達に共有したりもするでしょう。どういった行動をするかを詳細に予想していきます。

その後、それぞれの購買前後の行動に対して、「このお客さんなら、ここでこうするのではないか」など仮説を立てていきます。

観察の対象者は、ターゲットに近い友人や家族でも構いません。ふさわしい人が見つからないのであれば、自身でターゲットになりきり、「ターゲットならどうするか」を想定しながら実際に購買行動を起こすことで、何か見えてくるかもしれません。何もやらないよりは、やった方がよいでしょう。

また、ターゲットの日々の暮らしを観察することで、ヒントが見つかることもあるでしょう。ターゲットが行きそうなお店や街、カフェなどに、ぜひ出かけてみてください。

2―購買前後の行動や日々の暮らしを観察する

次に、対象となるターゲットが購買前後でどのような行動をとるのか、実際に観察していきます。観察するときは、「なぜそのような行動をとったのか」など、疑問に思うことはすべて書き出していきます。気になるところは、行動観察が終わったあと、観察対象者に質問をしてみるのもよいでしょう。

3―インサイト探しワークショップ

それぞれ事実となる要素が揃ったところで、ブランディングを担当する人たちで集まり、ワークショップを行います。それぞれ集めた「なぜそうしたのか？」に対して、「もしかして、こういうことなんじゃないか？」など仮説を立てて、インサイトを探っていきましょう。そこにキーとなるインサイトが隠されているかもしれません。

担当者が自ら現場を見に行くことで、センスのある、良いインサイトを探すということもできるでしょう。例えば、次のようなケースです。

インサイトの例

ある共働きの忙しい主婦は時間がない中、夕食にレトルトのパスタソースを利用していました。通常、パスタソースはお湯で温めてスパゲティにそのままかけて使うのですが、その方は、ひき肉やなすをフライパンで炒め、そこにパスタソースを流し込んでいました。つまり、ひと手間加えていたのです。

なぜひと手間加えたか聞くと、「レトルトもひと手間加えた方が美味しいし、まさかレトルトを使っているとは思わないでしょ」とのことでした。忙しい中、時間がない中の料理といっても、さすがに、インスタント麺やレトルト食品だけだと、愛情がないと思われてしまう。だからレトルトを使っていると思われたくないのだそうです。

ここでわかったのは、「手抜きと思われたくない」と考えていることでした。つまりインサイトは、「家族に手抜きと思われたくない」ということになります。レトルト食品を使うことについて、「手を抜く＝罪悪感」がどこかにあったのかもしれません。

こういった主婦に対しては、たとえレトルトだとしても、お母さんの愛情を感じさせるものや、時間がない中でも手抜きと思われないようなものが提案できるでしょう。

まだ知らない事実を探すには「当たり前」を疑う

インサイトを探るときのポイントは、自分の常識だけで考えないことです。「当たり前と思っていることが、実はそうでない」ということが多いため、行動観察を行う必要があるのです。

人は基本的に、自分の常識の中で物事を考えてしまうのではないでしょうか。私も行動観察をしていて、「なんでそんな行動をとるのだろう」と思うときがよくあるのですが、それはその人にとっては当たり前のことなのです。

自分にとって非常識でも、その人にとっては常識ということに気づくのは、もしかしたら、同棲や結婚生活をはじめたときかもしれません。電気を消すタイミング、バスタオルのかけ方、食器の片づけ方など、自分では当たり前だと思っていたことが、相手に指摘されて「そのルールは自分の家族だけだった」ということに気づくことはないでしょうか。

つまり、まずは「当たり前」を疑ってみることが大切なのです。自分の枠を超えて考えることで、誰も気づかなかったインサイトに気づくことがあるかもしれません。そして、そこからイノベーションが起こるかもしれません。世の中には、当たり前を疑うことで新しい商品を生み出した例がいくつもありますので、紹介しましょう。

■持ち帰るのを楽しくするトイレットペーパー

これは私が開発に携わった商品なのですが、マツモトキヨシには、買い物袋やラジカセがデザインされているトイレットペーパーがあります。

トイレットペーパーを袋に入れて持って帰る人がいることから、もしかしたら「持って帰るのが恥ずかしい」というインサイトがあるのではないかと考え、持ち帰ることを楽しんでもらえるようなデザインのものを開発したのです。ラジカセのデザインの方は、肩に担ぐとしっくりくるデザインになっています（お客さんが本当にそうしているかどうかはわかりませんが…)。ちなみに、このトイレットペーパーは、世界中の権威あるデザイン賞をいくつも受賞することができました。

■羽根のない扇風機

ご存じの方も多いかもしれませんが、ダイソンの扇風機は羽根がありません。「扇風機の羽根に子供の手が挟まったら危ない。安全対策はないか」というインサイトが、もしかしたらあったのかもしれません。その対策として考えられていたのは、扇風機にカバーをかけることくらいでした。

そんなインサイトをつかんでいたかはわかりませんが、「そもそもなぜ扇風機に羽根が必要なのか。羽根のない扇風機はできないか」と思ったのではないでしょうか。実際には「体に優しい、ムラのない風」という発想から羽根のない扇風機は生まれたようですが、結果的に「扇風機には風を起こすために羽根が付いている」という常識を覆しました。

■ゴシゴシしないバスタブ洗剤

ライオンの「ルックプラス　バスタブクレンジング」は、バスタブをゴシゴシ洗わなくてもバスタブが綺麗になるという、画期的な商品です。バスタブを掃除するには、こするのが当たり前と思われていたところに、メーカーは「こするという作業は3分でも苦痛、できれば解放されたい」という見えないホンネを探し出したそうです。

お客さんにとっての価値は、高性能な洗剤ではなく、「毎日きれいなお風呂に入りたい」ということです。この価値を上手に発見しています。こすらずに洗うバスタブ洗剤も常識を覆す商品と言えるでしょう。

インサイトについてより深く知りたい方は、次の書籍を参考にしてみてください。

・『インサイト――消費者が思わず動く、心のホット・ボタン』桶谷功 著／ダイヤモンド社

・『「欲しい」の本質――人を動かす隠れた心理「インサイト」の見つけ方』大松孝弘、波田浩之 共著／宣伝会議

第4章

競合との最大の違いは何か

〈差別化／ポジショニング〉

守りか攻めか、競合を見て判断する

～ブランドの戦略的位置づけ

数あるブランドの中からお客さんに選んでもらうには、自社のブランドが競合のブランドとは違うということをわかってもらう必要があります。その違いを考える上で重要なのは、自分たちのブランドの立ち位置を見きわめることです。自分たちは競合と比較したとき、「どの位置にいるのか」「どれくらい規模が違い、どのように戦うのが最適なのか」をなるべく正確に、客観的に把握しなければなりません。

もしあなたが、売上が右肩下がりの老舗喫茶チェーン店のブランドを再構築する責任者になったら、どうすればよいでしょうか。

コーヒーのチェーン店はスターバックスやタリーズ、ドトールやエクセルシオールなどが参入し、近年では競争が激しくなっています。また、コメダ珈琲店や星乃珈琲店が、郊外型の店舗を展開して店舗数を伸ばしています。さらに、セブン-イレブンをはじめとするコンビニや、マクドナルドなどのファストフード店が淹れ立てのコーヒーを提供するこ

4-1 コトラーの競争地位戦略

	経営資源の量：**多**	経営資源の量：**少**
経営資源の質：**高**	リーダーブランド	ニッチャーブランド
経営資源の質：**低**	チャレンジャーブランド	フォロワーブランド

とで、より競争が激化しています。

そのような中、自社のブランドをどこに位置づけ、どのように戦えばよいのかについて、「コトラーの競争地位戦略」をもとに説明します。

コトラーの競争地位戦略

「コトラーの競争地位戦略」とは、マーケティングの父と呼ばれるフィリップ・コトラー教授が、マーケットシェアの大小に着目して、企業の競争上の地位を「リーダー」「チャレンジャー」「ニッチャー」「フォロワー」の4つに分類し、それぞれの地位に応じた戦略を選ぶことが重要だと説いたものです。図4-1

1 リーダーブランド

リーダーブランドとは、カテゴリーにおける市場シェアがトップのブランドのこと。また、そのカテゴリーの絶対的王者であり、競合を寄せ付けないトップブランドです。業界を牽引する主導的立場にあります。リーダーブランドの基本戦略は、「自社ブランドのシェアの維持や増大」、そして「市場全体の拡大」です。

代表的なブランド

・喫茶店……スターバックス
・自動車メーカー……トヨタ
・コンビニエンスストア……セブン-イレブン

2 チャレンジャーブランド

チャレンジャーブランドとは、市場リーダーに戦いを挑む、カテゴリー2、3番手のブランドのこと。トップ集団ではあるものの、1位ではありません。リーダーブランドを追い抜こうと、シェア拡大を目指すブランドです。

リーダーブランドとの差別化を図り、リーダーブランドが強化できないような分野で競争力を高めてリーダーのポジションを狙うというのが、チャレンジャーブランドの基本戦略となります。

代表的なブランド

・喫茶店……ドトール、タリーズ
・自動車メーカー……日産、ホンダ
・コンビニエンスストア……ファミリーマート、ローソン

3―ニッチャーブランド

ニッチャーブランドとは、同じ業界の中で一線を画し、市場は小さいながらも特定の領域に絞り込み、特定の顧客を相手に成功しているブランドのこと。リーダーやチャレンジャーにとっては市場が小さく、手間がかかるため、関心の領域外です。

特定の分野で専門性を強化し、フォロワーブランドの追随を許さないというのが基本戦略になります。独自の立ち位置を構築することにより、参入障壁を築きます。

代表的なブランド

・喫茶店……椿屋珈琲

・自動車メーカー……スズキ、スバル

・コンビニエンスストア……ミニストップ、セイコーマート

4 ― フォロワーブランド

フォロワーブランドとは、リーダーブランドが行っていることを真似しているブランドを指します。基本的に、競争手段は価格競争で、マーケティングの資源を持たず、競争優位性が発揮しづらいです。市場シェアが低く、同じような商品やサービスを展開している競合他社が多数います。

ひたすら効率化を求め、低コスト低価格を目指すというのがフォロワーブランドの基本戦略となっています。上位ブランドをすばやく模倣し、低価格で販売します。

競争を避けるためにはニッチャーブランドへの転身が必要です。

「サラリーマンがタバコを吸って時間を潰すところ」というイメージが強いルノアールで

すが、以前は喫茶店のリーダーとして代表格でした。しかし、スターバックスなどのカフェの大量出店に押され、業界ではフォロワーブランドの立ち位置になってしまいました。

そこで、2016年にコンセプトを「大正ロマン」から「昭和モダン」に変えた店舗は、以前はビジネスマンなど男性客が多かったのですが、完全分煙を実施することで、女性客が1割から3割に増え、売上も順調に推移して見事、復活を遂げることができたのです。

成功の要因は、「ゆったりと過ごしたい」という顧客のニーズをうまく探り出したことにあります。コーヒー1杯だけで長時間滞在することができるという点で、混雑しがちで長居しづらいようなカフェとの差別化が上手にできたといえるでしょう。

ルノアールはむしろ長居できるよう、サービスでお茶を出すというから驚きです。また、絶妙な空席感や、席と席の間のスペースが比較的広めであることから、「ゆったりと過ごしたい」というニーズに応えることができたのでしょう。ニッチャーとしての位置取りをしたと言えます。

さらにコンセプト変更時も、「レトロ」という〝ルノアールらしさ〟を失わなかったことで、ルノアールの良さを残すこともできました。そんな風にブランドとしての「らしさ」にこだわった点も見逃すことができません。老舗チェーン喫茶店でも、フォロワーブランドから差別化の要因を探し出して尖りを加えることで、ニッチャーブランドとして成功できるのです。

その他にも、椿屋珈琲が、高価格帯のコーヒーというニッチャーブランドのポジションを取ることで成功しています。本格的なサイフォンコーヒーを楽しむことができる喫茶店として話題になったのですが、なんとコーヒーの価格は、コンビニコーヒーの10倍という高価格帯です。店内のアンティーク調の内装や、大正時代を思わせるメイド姿などが上質な雰囲気を醸し出し、高級感を楽しみたい、上品さを求める客層に非常に受けています。コーヒーのこだわりと、そのコーヒーを引き立てる雰囲気づくりが、成功の要因と言っていいでしょう。

差別化とは、自社のユニークさを顧客に価値と認められること

自社のブランドの立ち位置によって、戦い方が変わるということをお伝えしました。リーダーはリーダーとして、チャレンジャーに対して常に「違い」を出し、強固な1位を確立していかなければなりません。同様に、チャレンジャーは「違い」を出すことで1位を奪取しなければなりません。

例えば、周辺には同規模の競合スーパーや、大手のイオン、イトーヨーカドーなどのリーダー企業がいる場合、小規模のスーパーのブランドはどう戦えばよいのでしょうか。

小規模であるにもかかわらず、大手と同じような商品を取り扱っているだけでは、よほど立地が良いか安くない限り、購買力による販売価格や品揃えの差で、大手にはとうてい太刀打ちできないでしょう。同じようなサービスや商品を扱っているだけでは、大手に負けてしまいます。モノやサービスが同質化した昨今では、頻繁に価格競争が起こっていますが、競合との戦いに勝つためには、競合との違いを明確にする必要があるのです。

競合ブランドと自社ブランドとの「違い」を明確に出していくことを、差別化と呼びます。言い換えれば、差別化とは、「競合が真似できないような、自社にしかできない独自のユニークさがお客さんに魅力的な価値と認められること」です。

例えば小規模スーパーなら、大手スーパーでは扱わない、その地域でしか手に入らないような商品を揃えたり、大手スーパーにはなかなかできない、お客さんが求める気配りの行き届いたサービスを行ったりするなど、「小規模のスーパーでしかできない、お客さんにとっての魅力を出していく」ということが求められます。その魅力がお客さんに知覚され、はじめて差別性が生まれるのです。

では、なぜ差別化が必要なのでしょうか。

それは、第2章で説明した「自社の強み」を出し、第3章で説明した「顧客インサイトに基づくニーズ」にどれだけ応えたとしても、競合が同じような商品やサービスを展開したら、厳しい競争が待っているからです。じきに安売り合戦による低価格競争が始まり、レッドオーシャン（競合の多い市場）での血みどろの戦いとなってしまいます。図4-2

しかし、競合にはない違いを出してうまく差別化を図れれば、誰にも邪魔されず、どこにも負けない領域（ブルーオーシャン）を、自社ブランドでほぼ独占することができます。

4-2 **レッドオーシャン**

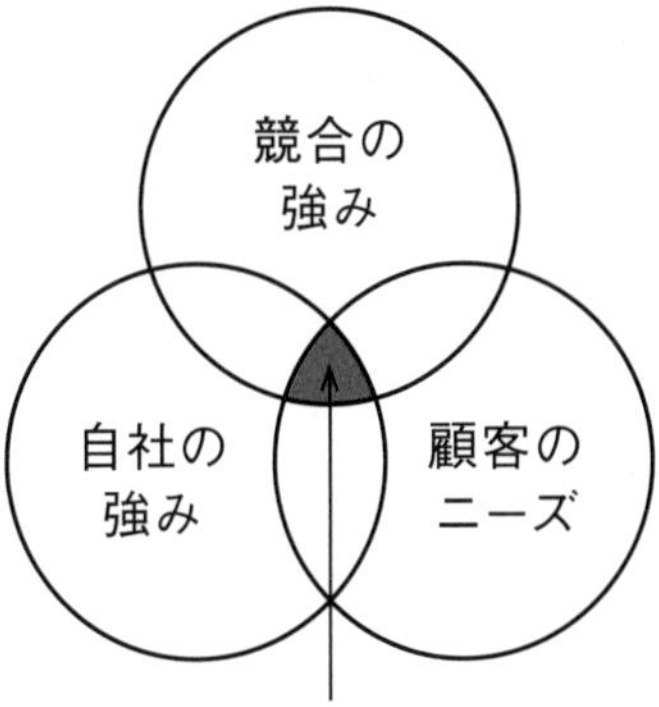

自社の強み、競合の強み、顧客のニーズが重なっているところは、
レッドオーシャンになる。価格競争に陥ってしまう。

この陣地を探し、価格プレミアムを生むことが、ブランド戦略の勝利の要因となります。

差別化といっても「お客さんから見て差別化されていること」がポイントになります。どれだけ差別化できていると言ったところで、お客さんがそれをわかっていなかったら、競合と比較してコスパのよい方（品質がよりよく安い方）が選択されてしまうからです。そうなると、ブランドから生み出される「価値」の部分、つまり価格プレミアムを生み出さないのです。

アスクルが運営する個人向け日用品ECサイトの「LOHACO」では、オリジナル商品に「デザイン性」という付加価値を与えることで、競合ECサイトとの差別化に成功しています。

通常、日用品や食品などのナショナルブランドは、店頭に並んだときにいかに目立つかということをもとにデザインされており、「よく落ちる」とか「おいしい」などを派手な色使いで訴求したデザインが多いものです。

しかし、LOHACOは、EC上で販売されているため、パッケージにそのような訴求をする必要がありません。オリジナル商品のデザインコンセプトを「暮らしになじむ」とし、シンプルなデザインや北欧調のデザインを採用するなど、日常空間に置くことを前提としてデザイン性を重視したのです。暮らしの空間に存在する日用品や食品をインテリア、ファッションの一部として考えるお客さんも多いからでしょう。

実際LOHACOの商品は、ターゲットとなる女性客からの評価が高く、デザイン性という差別化の軸を引くことにより成功していると言えるでしょう。EC業界的には、アマゾンや楽天がリードする中にあって、これら二大巨頭と差別化するための戦略と言えます。また、こういった日用品や食品などのナショナルブランドは、スーパーやドラッグストアで価格競争に巻き込まれるケースが多く、LOHACOのオリジナル商品は、そこでしか手に入らないため価格競争が起こらないということも、とても魅力的と言えます。

特定の分野で特徴ある「1番」を目指そう

「2位じゃだめなんでしょうか」

民主党政権時代、事業仕分けに当たってある女性議員が、スーパーコンピューター「京」の計算処理の速度についてこんな発言をし、物議を醸したことは記憶に新しいと思います。

そのときどうすべきだったかはここでは論じませんが、もしこのスーパーコンピューターの戦略的位置づけが「リーダー」ならば、意地でも1位であり続ける戦略を取らなければなりません。もし「フォロワー」という位置づけならば、2位で良かったでしょう。

しかし、ブランドの世界では、2位じゃダメなのです。

「私たちのブランドは、大手のやっていることをマネするフォロワーです」というブランドであれば、2位でも3位でも良いかもしれません。しかし、それでは価格競争に巻き込まれてしまい、強いブランドを築くことはできないでしょう。

私が言いたいのは、何かの分野で、なんとしても「1番」を目指してほしいということです。なぜなら、1番以外は、なかなか覚えてもらえないからです。

ブランディングは、お客さんの頭の中にブランドを刷り込む作業です。頭の中にあるスペースは限られており、お客さんは正直なところ、そんなにたくさんのことを覚えたくないのです。実際、多くの分野のブランド認知率のデータを見ても、2位以下の認知率はどんどん下がり、フォロワーブランドに至っては10%を切っているのが普通です。

したがって、マインドシェア（お客さんの頭の中のブランド占有率）を高めるには、1位を取ることがとても重要なのです。

「1位は知っているけど2位ってどこなの?」ということは、身の回りにたくさんあると思います。例えば、日本茶の生産量日本一の県が静岡県であることは知られていますが、2位はどこかご存じでしょうか。実は鹿児島県なのです。静岡県のお茶の生産量が日本全体の37・5%で、鹿児島県は32・4%と差があまりないにもかかわらず、です。2位が鹿児島県と答えられる人は少ないのではないでしょうか。

自動車といえば？　コンビニといえば？

「自動車といえばトヨタ」「コンビニといえばセブン-イレブン」のように、強いブランドには「〇〇といえば」の後に必ず自社ブランドがきます。ほかにも、「ファストフードといえばマクドナルド」「おむつといえばパンパース」などが挙げられます。

小売りの現場では、カテゴリーの1番手のブランドは、スーパーやドラッグストアなどで棚、つまり、売るための場所が優先的に用意されますが、2番手3番手のブランドは、販売促進の支援や仕入れ値などで良い条件を出さなければ、なかなか売り場スペースを確保できないのが現状です。棚が優先的に確保されやすいPBもこの争いに参戦しているため、より競争は厳しくなっています。メーカーは棚スペースを確保するのに本当に必死です。

メーカーとしては、小売り側から「あなたのブランドを当店でどうしても販売したい」と言われるような商品づくり・ブランドづくりが必要でしょう。なんとしても様々な小売りから「取り扱いたい」と言わせるためにも、1番手を目指し、「〇〇といえば」のあとに必ず自社のブランドがくるようになることを心がけたいところです。

ある特定の分野で1位を目指す

1位を目指してほしいと言われても、「そりゃ大手だからできること」と思うかもしれません。しかし、そんな簡単にあきらめてはいけません。差別化について説明したように、差別化されたある特定の分野や領域で1位になればよいのです。

「自動車といえばトヨタ」という話をしましたが、もっと細分化することで、各社の特徴が浮かび上がってきます。例えば、「エンジンが優れた自動車といえばホンダ」「デザインが優れた自動車といえばマツダ」「軽自動車といえばスズキ」というように、自動車の特徴を細分化することで、各社ナンバーワンの分野が出てきます。自動車メーカーそれぞれが、自分たちの特徴を出そうと非常に努力しているのです。

自動車メーカーで、さらに細分化して差別化に成功しているブランドもあります。独特なデザインと完全受注生産で成功している、光岡自動車です。中には、既に発売は終了しているものの1000万円を超える「オロチ」というスーパーカーもあったほどです。大手がいるところは無理と思われがちですが、市場を細分化することで1位を獲得することが可能になるのです。

なぜそこまで1位にこだわるべきなのか？

ドラッグストアやバラエティーショップなどで、「楽天で売上Ｎｏ．１！」とか「＠cosmeでナンバーワン！」といったシールが貼られた商品を見たことはないでしょうか。そういったシール（アテンションシールといいます）を見て、「なんとなく」購入したという経験が、１度くらいはあるのではないかと思います。

人は少ない金額の支払いだったとしても、買い物に失敗したくないのではないでしょうか。失敗しないためにどうしているかというと、世の中で売れていて、多くの人が買っている商品を選ぶのです。みんなが使っているから「間違いないだろう」「失敗しないだろう」と判断する方が多いようです。それゆえに、多くの企業やブランドは、何かしらの１位になろうと必死になっているのです。「何かしらの」というのがポイントです。

ぜひあなたも店頭で、あるいは＠cosmeや楽天などで、「売上Ｎｏ．１！」といったアテンションシールが貼られた商品をよく見てみてください。図4－3

「１位だからすごいし、いろんなお客さんに評価されている」と思うかもしれません。しかし、必ず※印等で小さく、なぜ１位なのかが書かれています。

4-3 ナンバーワン表記の例

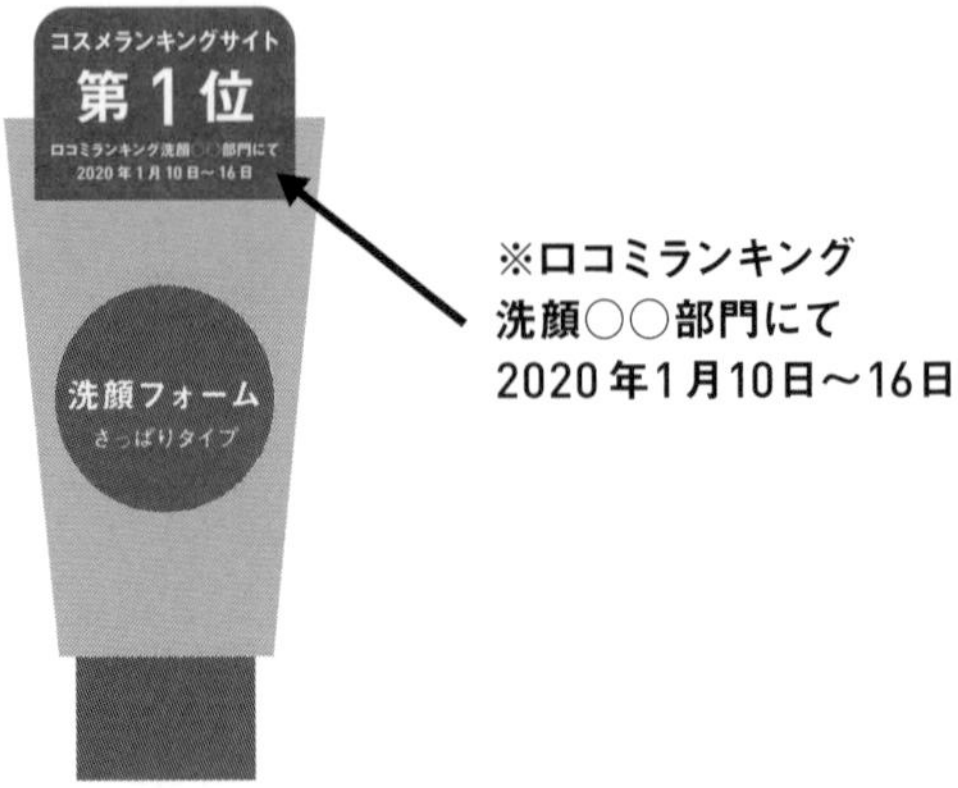

日本全国で年間1位を獲得した商品のブランドもあるのですが、中には、「あるカテゴリーの中のある分野で、10月の第1週目の1位」など、とても限られたところで1位というものもあるのです。小さいカテゴリーで、短い期間の中の1位であることがわかります。「そんなのズルいじゃないか」という人もいるかもしれませんが、事実であることには変わりありません。それくらい、1位には魅力があるということです。

できない理由を探すのではなく、お客さんが望み、自社ブランドが1位になれる領域をぜひ探してみてください。

お客さんの頭の中に競合との差別化を築く「ポジショニング」

ここまで、「お客さんに求められ、そこで独自の領域をつくり、競合との違いを出していくことの重要性」をお伝えしてきました。また、「ブランドはお客さんの頭の中で築かれる」ということも、繰り返し説明しました。

自社ブランドがたとえ競合と違った良さを持っていたとしても、それがお客さんの頭の中で理解されていなければ意味がありません。いかに自社のユニークな価値をお客さんの頭の中に位置づけていくかが重要になってきます。これをポジショニングと呼びます。

言い換えれば、ポジショニングとは、お客さんの頭の中に、独自性のある差別化されたイメージを植えつけていくことを言います。

接するメディアが多い現代では、お客さんの頭の中はたくさんの情報で溢れかえり、常に情報の洪水が起こっているでしょう。また、人は基本的に面倒くさがりです。流れてくる多くの情報から、なかなか新しいブランドについての情報を覚えようとはしてくれないでしょう。

したがって、ポジショニングは、お客さんの頭の中にないものに新しい何かをつくり出すのではなく、「既にお客さんの頭にあるイメージを操作して、それを商品に結びつけること」がポイントになってきます。

刷り込まれたイメージを覆すのは簡単ではない

以前、スーパーやコンビニのPBの商品は、「低価格の代名詞」「安物買いの銭失い」「安かろう、悪かろう」などと揶揄《やゆ》されていました。各社の企業努力により、品質はどんどん向上してきたのですが、お客さんにはそれがなかなか伝わらないという状況が続きました。

私も以前、メーカー品とPB商品のパッケージを隠して並べ、どこの商品かわからないようにして品質を調査する「ブラインドテスト」を行ったことが何度かあるのですが、結果は、メーカー品とPB商品が同等であることもあれば、PB商品が圧勝することもありました。PB商品の品質がメーカー品とほとんど変わらないということは、こういったテストでも証明されています。それにもかかわらず、お客さんへのインタビュー調査では「メーカー品の方が、品質が良い」という意見が多かったのです。既に刷り込まれたイメージを変えることの大変さがわかりました。

また、まったく同じ商品を、Aはメーカー品、BはPB品ということにして、「どちらが美味しいか」というテストも行ったのですが、中身が同じであるにもかかわらず、「メーカー品の方が美味しい」と言う人の方が圧倒的に多い、という調査結果になることもありました。

つまり、PBにとっては、「いかに自社のPB商品の品質が良いというイメージをお客さんの頭の中に植えつけるか」が課題でした。

そんな中、PB商品の品質の良さをわかりやすく消費者に伝えることで成功したブランドがあります。西友のPB「みなさまのお墨付き」です。

西友も以前は、「Great Value（グレートバリュー）」という、アメリカのウォルマートと同じ価格訴求のブランドを持っていました。パッケージデザインは白地に青文字で、低価格というイメージです。しかし、品質を訴求するブランドということを打ち出すべく

「みなさまのお墨付き」を立ち上げたそうです。

「みなさまのお墨付き」は、読んで字のごとく、「みなさま＝消費者」の「お墨付き＝実際に試食したり試したりして良いと認めた」ブランドということになります。西友では、みなさまのお墨付きを発売するにあたり、全商品消費者テストを行い、お客さんの70％（2019年10月以降80％）が支持した商品のみを発売しました。パッケージデザインを変えただけなのに売上が1・5倍に伸びた商品もあったそうです。いかにお客さんに対して上手に伝えることが重要か、これでわかるでしょう。

「PBの品質の良さ」を伝えることによって、それまでの「PBは低価格で品質は良くない」というポジションから、「気軽に使えて、品質が良いことがわかりやすい」というポジションを取ることに成功したのです。

つまり、ブランドにおいて、実際に品質が優れていることよりも（もちろん品質が優れていることは重要なのですが）、お客さんが「品質が良い」と頭の中で認識してくれること（これを「知覚品質」と呼びます）が大切なのです。

差別化をわかりやすくする「ポジショニングマップ」

競合との差別化をわかりやすく表現するツールに、ポジショニングマップがあります。縦と横の２軸に分け、競争市場で自社ブランドを誰もいない領域に置き、競合を追いやった状態にして差別優位性があることを視覚的に表現した図のことです（図2-4参照）。

メガネチェーンのメガネスーパーは、JINSなどの登場により価格競争が巻き起こる中、同社も価格訴求路線に走り業績不振となりました。しかし、JINSが若者向けであるのに対して、自社の強みを見直し、ターゲットをシニア層に絞り、アイケア（接客重視）するという差別化戦略を取りました。それにより、高価格帯のメガネの販売が好調となり、業績が回復したのです（図4-4参照）。

ここで、「ブランドはお客さんの頭の中で築かれていく」ということを思い出してください。ポジショニングマップの役割は、あくまでお客さんの頭の中に自社の強みを活かし、お客さんが重視するところがどこなのかを視覚的に表現するということです。視覚的に、その領域に競合がいない状態（競合を追い出す状態）をつくり出すということが目的です。

ポジショニングマップの良い点としては、社内へ非常にわかりやすくブランド戦略が伝わるということが挙げられます。難しい用語が並んだ解説書や、説明が何分も必要な資料よりも、2軸で描かれたイラストに、「私たちのブランドが行くところはココです。競合との違いはこれです」と示してあげた方がよっぽどわかりやすいのです。

また、従業員にわかりやすいということは、お客さんにもそのブランドがどうしたいのかが非常に伝わりやすいことを意味しますので、ぜひ活用してください。

ポジショニングの軸の取り方

ポジショニングマップをつくる際、自社の強みを活かすことができ、ターゲット顧客が求めているところを基本に、軸を2つつくります。その軸はブランドが持つ機能や、特性、ブランドのターゲットの属性などから構成されます。

例えば、109ページで紹介したバスタブクリーナーなら、「バスタブをこするという作業が苦痛」というインサイトに対して、「こすらないで汚れが落ちるバスタブクリーナー」を発売してヒットしました。この場合、「こする」「こすらない」の軸を入れるだけで、圧倒的に競合を退けるポジショニングマップをつくることができます。

軸を考えるときのヒントを、以下に紹介します。

■ブランドの機能的特性

強い、弱い、大きい、小さい、重い、軽い、遅い、速い、多い、少ない、固い、柔らかい、濃い、薄い、新しい、古いなど。

ダイソンの掃除機は「吸引力の強さ」。

ライオンのバスタブクリーナーなら「こすらない（で汚れが落ちる）」。

■ブランドの情緒的特性

親しみやすさ、高級感、シンプル、ファッショナブル、おしゃれ、気軽、さわやか、優雅さ、安心、革新性、カジュアルなど。

家電メーカーのバルミューダは、製品の機能性の高さはもちろんのこと、極力無駄を省いたシンプルでおしゃれなフォルムのデザインにし、今までの日本の家電メーカーにはない軸を引くことで差別化に成功しました。

■場所やシーン

山、海、川、オフィス用、家庭用、オンライン、オフライン、電車の中、自宅、会議、商談用、都市、地方、駅前など。

ライザップのようなエクササイズが「リアル」なら、ちょっと古いですがTRFやビリーズブートキャンプなどのDVDを見ながらできるエクササイズは、「自宅」と言えるでしょう。今ではYouTubeなど「オンライン」のサービスもありますね。

スターバックスは、家庭でもオフィスでもない「第三の場所」という軸を持つことで成功しました。

ドラッグストアのマツモトキヨシは「駅前」という立地の強さで成功しています。

また、コンビニのセイコーマートは、「全国」を対象としたセブン-イレブンに対抗し、「北海道」と地域を限定することで、地域に愛されるコンビニとして成功しています。

■時間

朝用、夜用、昼用、24時間など。

アサヒ飲料の缶コーヒー「WANDAモーニングショット」は「朝用」と軸を区切ることで成功しました。

化粧品には「寝る前」や「朝起きてから」と細かく区切られている商品もあります。

また、今でこそ問題となっていますが、当時は「24時間営業」は差別化の一つと考えられていたのです。

■ブランドターゲットのデモグラフィック的属性

年齢、年代、世代、男性向け、女性向け、子供向け、家族向けなど。

任天堂のWiiは、「個人向け」のプレイステーションに対抗し、「家族向け」という軸を設けて成功しました。

ハーゲンダッツは、子供向けと思われていたアイスをあえて「大人向け」とすることで成功しました。

また、50代向けと年代を絞ることで成功した化粧品ブランドもあります。

差別化を考える上での注意点

差別化にはコツがあります。ポジショニングマップを描いても、実際にやってみたらうまくいかなかった、というのはよくあることです。それは、差別化する際にありがちなワナに陥ることがあるからです。

では、差別化におけるワナとは、どういったことなのでしょうか。

1 「品質と価格」という軸で差別化しようとする

よく「品質」と「価格」の2軸を描くポジショニングマップを見るのですが、品質と価格で差別化を図ることはできません。理由は簡単です。正比例するからです。もちろん、品質が良くて企業努力で価格が安いモノもあるかもしれませんが、基本的に（統計的にも）品質が良いモノは価格が高い傾向にあります。そのため、品質と価格の2軸でブランドを置いてもあまり意味がなく、差別性を表現することはできません。図4－4

4-4 ポジショニングマップのサンプル

「価格」と「品質」で軸を取ると、差別化の要因が見えにくい。

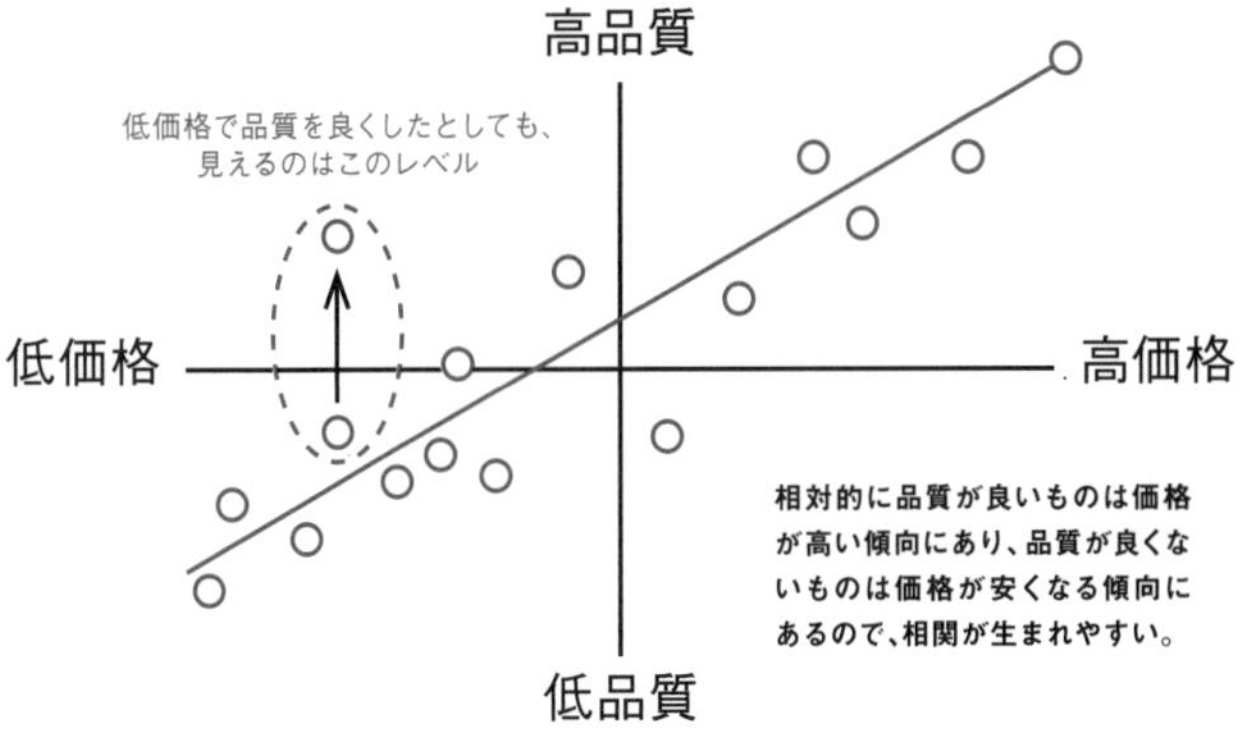

自社を４象限のどこに棲み分けるのかがポイント。

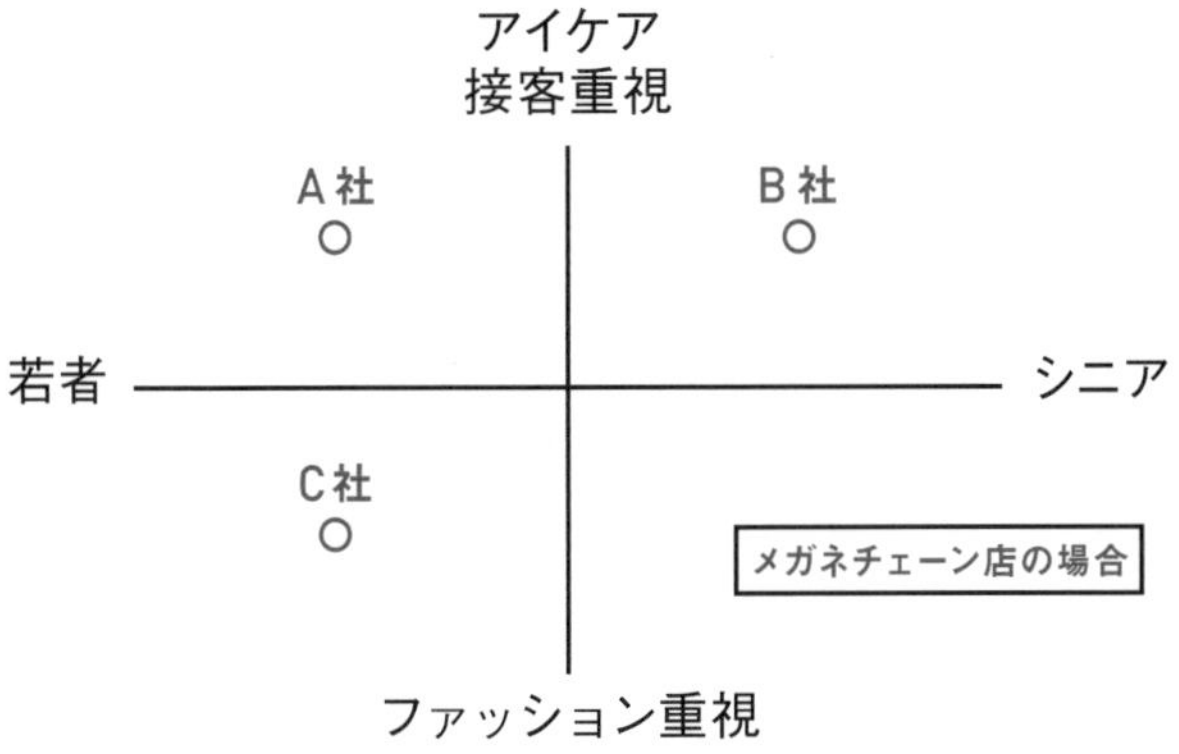

2―強い競合に引っ張られて、自社ブランドの「らしさ」を失う

競合に強いブランドがいるなら、それに引っ張られて似たようなブランドになってしまうことは極力避けたいところです。それゆえに明確なポジショニングが必要なのです。

なんとなくデザインしていて、なんとなく無印良品のようなシンプルなデザインになってしまい、その結果、お客さんから「無印良品っぽいね」と言われたら終わりです。独自性を築けていないという証拠です。自社ブランドの「らしさ」を見つけ出し、独自性を構築する必要があります。

3―競合との差別化に気を取られすぎて、既存のお客さんを忘れてしまう

差別化を考えるとき、「競合に負けないためにどうすればよいか」を考えますが、競合に勝つことや競合との違いを考えるあまり、「お客さんが望んでいること」からかけ離れていく場合があります。これには注意が必要です。

例えば、ユニクロはヒートテックなど機能性の高い素材や、カシミヤやライトダウンといった品質の高い材料を投入するなど、高品質に対して徹底的にこだわりをもち、差別化を図っています。そうした商品は一見、値段が張るように見えますが、決してお客さんの期待を裏切るような価格帯にはしません。「お求めやすい価格」がユニクロに対する期待であると、ユニクロもわかっているからです。以前は、この価格訴求力こそユニクロの最大の差別化要素でしたが、いまとなっては当たり前のことになっているわけです。

既存のお客さんの期待が何かを忘れてはいけないのです。

4―自社の良さばかり考えて、お客さんの視点を忘れてしまう

たまに「スティーブ・ジョブズは顧客調査をしないから、我々も顧客調査をせず自分たちのやりたいことをやるべきだ」という人を見かけます。この考え方を否定するつもりはありません。しかしそれは、ジョブズだからできたことなのかもしれません。

ブランドづくりの差別化においては、お客さんの視点を外すことはできません。自社の強みだけを考えると、そのブランドの独りよがりになる危険性があるので、お客さんの視点を忘れないよう注意が必要です。

「お客さんの意見を聞いていたら、ｉＰｈｏｎｅは生まれなかったのではないか？」という方もいますが、ｉＰｈｏｎｅは、お客さんのインサイトにもとづく潜在的なニーズに応えることができたから成功したと言える、と私は考えています。ジョブズは決して独りよ

がりだったのではなく、ユーザーの利用シーンをとことん考えていたのではないでしょうか。

5ーマーケットがなければ差別化にならない

差別化し過ぎるあまり、お客さんがいなくなっては意味がありません。そもそもそこにマーケット（市場）がなければ差別化にはならないので注意しましょう。マーケティングは市場創造という人もいますし、何もないところに市場をつくり、お客さんを新たに生み出すという考えももちろん重要です。しかし、お客さんがいなければ売上が見込めるはずもありません。

6ー勝てると思うのに、競合がいるところでは勝負しない

ポジショニングマップで軸を引いたときに、自社ブランドが挑戦しようとしていた領域に競合がいたとします。もし、その領域で1位になれる自信があるのなら、ぜひその競合に勝負を挑みましょう。1位になってお客さんにその価値を知ってもらい、自社のブランドを提供することができればよいのです。

第5章

価値あるブランドはこうつくる

〈「ブランドらしさ」の確立〉

価値あるブランドは、ブランドの「目指す姿」を明確にしている

ブランドづくりを実際に進めるにあたって重要なのが、ブランドの中心となる考え方（中核概念）＝「目指す姿」を明確にすることです。

この「目指す姿」は、言い換えれば「私たちのブランドは将来（ある時点までに）こうなっていたいという理想像」あるいは「ターゲットのお客さんにこう思われたいという姿」です。したがって、ブランドの「目指す姿」を示すことは、こうありたいという自社の宣言であると同時に、お客さんや従業員への約束事とも言えるでしょう。図 5－1

もう一つ、「目指す姿」の重要な役割は、「ブランドとしての判断基準となること」です。

ブランドを担当する者であれば常に、

「ブランドとしてやるべきことなのか、そうでないのか」

「ブランドとして『らしい』か、らしくないか」

を考えなければなりません。その際に指針となるのが、「目指す姿」なのです。

5-1

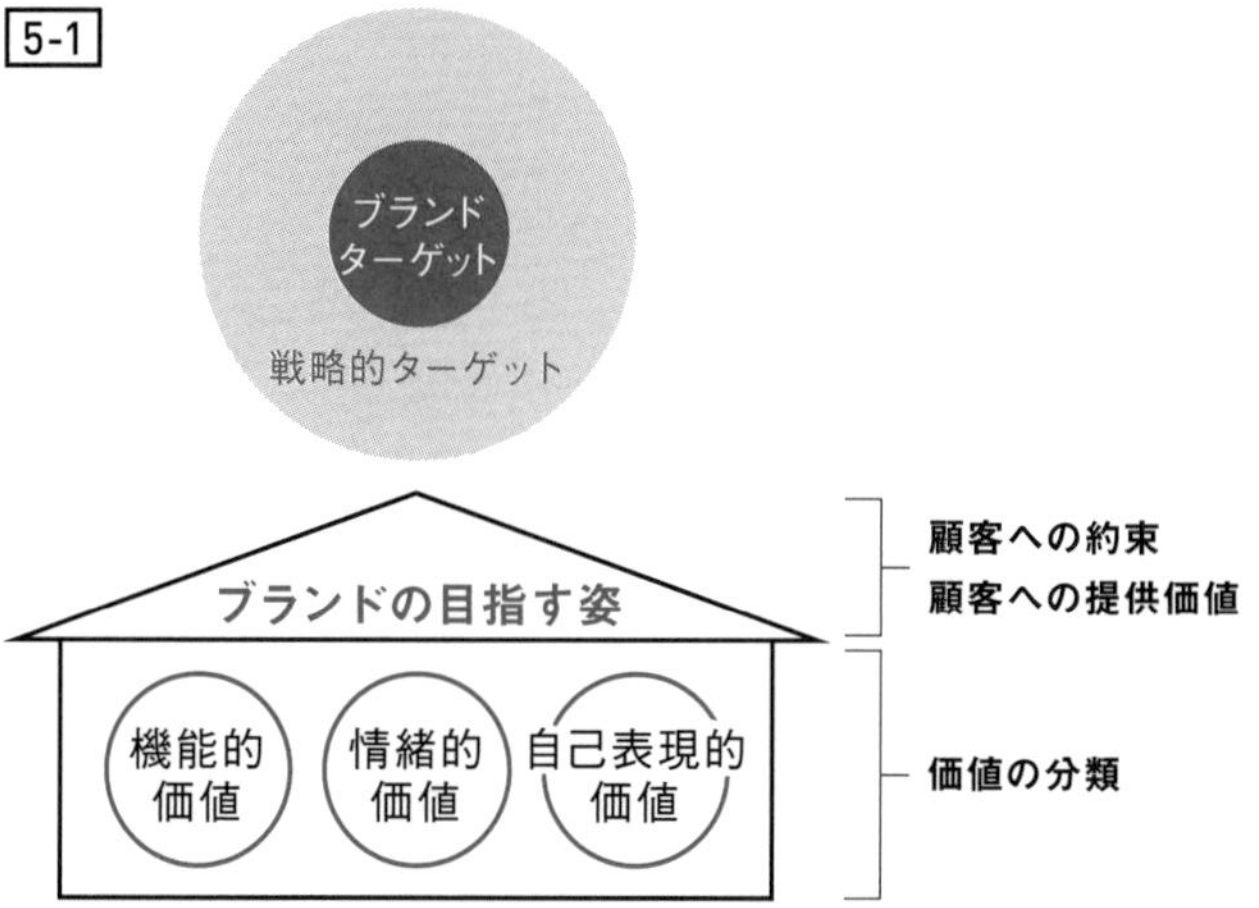

資料：デービッド・アーカーモデルの「ブランドアイデンティティシステム」をアレンジ

第2章の最初にお伝えしたとおり、ブランディングは、自社ブランドの現状を「目指す姿」にしていく活動そのものです。ブランドは、この「目指す姿」を軸として、ブランドとお客さんとのすべての接点（タッチポイント）を通じ、体験することで、お客さんの頭の中に価値として蓄積されていきます。ですので、各タッチポイントで統一感のある訴求（コミュニケーション）をしないと、「らしさ」が生まれないのです（35ページ）。

したがって、このブランドの中心となる「目指す姿」がしっかりしていないと、各タッチポイントで訴求がばらつき、お客さんや従業員の頭の中で別々のイメージがつくられてしまいます。受け手に見え方や考え方の

「ズレ」が生じないようにするためにも、この中心となる「目指す姿」がとても重要なのです。

ちなみに、「目指す姿」は、専門用語で「ブランドプロミス」または「ブランドプロポジション」と言ったり、書籍によっては「ブランドアイデンティティ」「コアバリュー」「ブランドエッセンス」などと表現する場合もあります。言い方は違いますが、基本的にはすべてブランドの中核概念を意味します。いずれにしても、ブランドの「目指す姿」は、どんなブランディング活動をする上でも中心となる基準でなくてはなりません。そうでないとブランドの「らしさ」を築くことができないからです。

生活雑貨を扱うチェーン店のＬＯＦＴでは、「時の器」を全体のコンセプトにしています。ＬＯＦＴのＷＥＢサイトによると、時の器とは、「機能用途一辺倒の売場ではなく、トレンド発信を意識した編集型の売場」ということが書かれています（ＬＯＦＴ社長メッセージより https://loft.hartech.co.jp/2021/message.html）。ただモノを売るのではなく、情報発信基地のような場所、トレンドを追う雑誌のリアル版とも言えるかもしれません。

ＬＯＦＴの社長は「用事がなくてもロフトに行けば何か新しいコトやモノに出会える」と語っていますが、これこそがＬＯＦＴの提供価値です。おそらくＬＯＦＴのバイヤーが商品の買い付けを行ったり、店舗運営が棚割を決めたりするときなど、この「時の器」を基準としていると考えられます。「これはＬＯＦＴらしくない。なぜなら『時の器』に合致していないから」という会話が聞こえてきそうでなりません。だからこそ我々一消費者がＬＯＦＴに行くといつも新しい発見があり、何度行っても飽きないのかもしれません。

ですので、ＬＯＦＴにとってこの提供価値を一言で表したのが「時の器」であり、これこそがブランドの「目指す姿」と言えるでしょう。

私も、ブランディングを長年やっていると、「このブランドのこの施策はこれで正しいかどうか」など、迷うことがあります。もちろん、経営層や担当者を含め様々な人と議論しながら決めることが多いのですが、迷ったら必ず「ブランドらしいかどうか」に立ち返るようにしています。

例えば、「パッケージデザインがルール通りなんだけど何か変」とか、「商品のコンセプトがブランドの世界観と合致していないのでは」など、「何かが違うな」と思ったときに、「目指す姿」をもう一度見て、「らしい」か「らしくない」かの判断の指標としています。なぜなら、この「目指す姿」がブランドの原点であり、中心にある哲学のようなものだからです。

ブランドの「目指す姿」はどのようにつくるか

ブランドの「目指す姿」をつくるには、現状の課題に対して、ブランドでどう解決したいか戦略を考え、ブランドの提供価値を明確にしておく必要があります。

手順としては、第2章～第4章で説明したとおり、まず3C分析を行い、客観的な事実を洗い出します。その事実をもとに、ワークショップや会議で「自社の強み」「顧客のインサイト」「競合との差別化」を議論し、「目指す姿」を導き出します。

「目指す姿」の導き出し方

では具体的にどのようにして「目指す姿」を導き出すのか、私が実際にリブランディングを行った「RefLite（レフライト）」を事例に解説したいと思います。

RefLiteは、リフレクタークロス（再帰性反射布）という特殊な布地のブランドで、老舗メーカーの日本レフライト工業によって1968年に日本で初めて製造発売されました（2015年よりMipox社が支援）。再帰性反射とは、光が当たると入射した方向にその光が帰ってくる現象を意味し、その性能を持つ布地は、暗闇で光るスニーカーのかかとの部分などに使われています。

RefLiteは人気のスニーカーに採用されて最盛期を迎えたものの、度重なる不況や輸入品による価格破壊により、次第に収益が悪化しました。同社は厳しい状況から抜け出せず、リブランディングして立て直すということを考えるようになったのです。

いかにして価値をつくり、高く売るかという戦略を立てるために、3Cについて関係者にヒヤリングを行ったところ、次のようなことが見えてきました。

自社分析

- 以前と比べると、売上がかなり落ち込んで市場シェアも減り、その影響からか、顧客にとってのブランドの存在感も薄れてしまった。
- ブランドの世界観は、いわゆる昭和の工業製品のような「古さ」を感じさせる。
- 「国内初の技術」「国産はもちろん、海外大手を凌駕する優れた品質と、高い技術力」「独自の調色技術による色彩豊かな製品」「世界の大手企業や警察・消防関連での採用実績」「多品種少量生産が可能」などの魅力がある。

・関係者が夜、真っ黒の服を着ていたとき車に衝突され、亡くなってしまうという痛ましい事故があった。「リフレクターさえあれば守られた命」という想いが社員にあり、一人ひとりが「命を守る」という強い使命感とプライドを持っている。

■顧客分析

・リフレクタークロスの市場環境としては、国内では主に交通系の作業着に使われることが多く、比較的安定して伸びていたが、格安の輸入品の影響により価格が下落傾向にある。一方、海外市場では、高機能の作業着やファッション性の高い作業着に需要があり、期待できる状況。

・RefLite は主に作業着、鞄、靴などの部材として使われている機能素材で、販売先は基本的に商社や資材を扱う代理店。そこから最終製品のメーカーへと納入されている。仲介業者からは「そこそこの品質でより安く」と、常に価格が重視されている。ただし、開発担当者やデザイナーが、最終製品のメーカーで部材の銘柄を指定するケースがあり、仲介業者はその意見に従わざるをえない場合もある。また、開発担当者やデザイナーにヒヤリングすると、「リフレクタークロスの色は銀のみ」と思われているが、それ以外の色のものが魅力的と思っている関係者が多いこともわかった。

■競合分析

・業界のリーダーは３Ｍ（スリーエム）社。認知度・シェア共に1位で、2位のユニチカ、3位のRefLiteを圧倒している。昨今は価格訴求の輸入品メーカーが市場を浸食し、国内メーカーは厳しい戦いを強いられている。
・競合各社のブランドイメージは「昔ながらの工業材料」といったところで、「防水透湿性素材のゴアテックス」「ファスナーのＹＫＫ」のように、リフレクターそのものを機能性素材としてブランディングを行うところはない。
・競合の主力製品の多くは需要の多い銀色。色彩表現が難しく、在庫上の観点からも、カラーリフレクターを扱うところはあまりない。

３Ｃ分析を行い、客観的な事実が揃ったところで、社内の関係者を集めてワークショップを実施すると、次のような意見がまとまりました。

■自社の強み

・「国産」「技術力が高い」「他社にはない、豊かな色彩を持つ」「大手企業や官公庁などへの納入実績による信頼性の高さ」などの強みを持つ。

・その良さが顧客に伝わっていないことが課題。

私は「豊かな色彩」に着目し、なぜ特徴的な色が出せるのか聞いてみたところ、「京都は染物の文化、色彩が豊かなのは当たり前」と言うのです。「であるならば、もっと『京都で生み出された色彩』という京都のエッセンスを打ち出すべきではないか?」という考えに至り、京都の色彩をブランドの全面に押し出すことにしました。

■顧客インサイト

・中間業者ももちろん重要な主要取引先だが、価格交渉力で優位性を出すためにも、最終製品をつくるメーカーから指名されることが重要ではないか。

・開発担当者やデザイナーのファッションに対する琴線に触れることが重要。

RefLiteの関係者と私はこのように考え、工業材料の一ブランドとしてではなく、ほかにはない高機能＋ファッション性のあるブランドというイメージを強化することにしました。それにあたり、ブランドを表現する際、色彩の豊かさを重要視しました。

また、開発担当者やデザイナーがRefLite製品を扱う場合、「どんな顧客にどんな価値を提供するか」を熟考しました。昨今、スニーカーでは、ナイキが「Nike By You」というカスタマイズスニーカーをつくるなど、一般消費者向け商品は大量消費から個性を大事にする時代に変わり、「自分だけのもの」といったオリジナリティのある商品が注目を浴びています。そこで、「RefLiteは本当は目立ちたいと思っている〝個〟を輝かせられるような存在になりたい」と考えました。

■競合との差別化

・リーダーブランドが３Mなら、RefLite はニッチャーブランドと位置づけし、ハイスペック品、色彩の豊かな表現力に注力する。

・競合はファッション性の訴求を行っていないため、「高機能だがファッション性のあるブランド」というところにポジショニングし、その分野で1位を目指す。

狙う市場を工業材料からファッション市場に変えるということではなく、「ハイスペックでファッショナブルなリフレクター」という位置づけにしたのです。

■ブランドの「目指す姿」の決定

分析を行うと、3Cそれぞれの視点から重なり合うところの「ブランドの提供価値」がだんだんと見えてきます。あとはそれを文章にまとめるだけです。

RefLiteの場合、「ハイスペック品」「京都の色彩の豊かさ」という強みを持ち、開発担当者やデザイナーの琴線に触れることや、「本当は目立ちたい」という顧客インサイトを掴むことがポイントだとわかりました。そして、高機能だがファッション性のあるブランドは競合になく、差別化が可能ということも。

この3つ重なり合ったところを上手に表現すると、RefLiteなら使い手自身も輝かせることができると考え、「『無限の彩りで輝かせる』ことこそが提供価値」としました。そして、ブランドの「目指す姿」を「輝こう。無限の彩りで。」と設定しました。

「目指す姿」をつくり出すときのチェックポイント

1 自社の強みや個性が出ているか

競合を基準にブランドづくりをしていては、競合を超えるブランドにはなれません。ブランドは、自社の強みを発揮できてこそ輝くことができます。自社のブランドには、自社にしかない個性が必ずあります。ブランドの「目指す姿」には、自社の強みや個性を出していきましょう。

社内で議論したのであれば、その中に強みとなるエッセンスがあるはずなので、それを「目指す姿」に取り入れるようにしましょう。その方がお客さんに伝わりやすく、また、従業員も共感してくれます。なんとなく無難なものになってしまっては、他との差別化もできず、特徴のないものになってしまいます。

ダイソンの「吸引力の変わらない、ただひとつの掃除機」は、自社の強みが出ていて、どんな価値を提供してくれるのかとてもわかりやすいです。

2 顧客にとって価値があるものになっているか

「目指す姿」は、「顧客にとってどんな価値をもたらすか」がわかることが重要です。お客さんが求めているのは、商品そのものではなく、商品を使ったことによりどんな体験をし、ベネフィット（＝便益）を得るか、ということです。

例えば、アルコール除菌スプレーの場合、「99％除菌」という機能があったとしても、それだけではお客さんにとってどんな価値をもたらしてくれるのかわかりません。除菌スプレーで99％の菌を殺し、これによってバイ菌から子供を守れることで、安心感が得られるのです。これが「顧客にとっての価値」になります。

スターバックスが提供しているのはコーヒーではなく「第三の場所」です。また、それはブランドが提供している価値でもあります。顧客にとっても「第三の場所」が求めている価値ということです。

3 誰にでもわかりやすく、従業員やお客さんに共感してもらえるか

「目指す姿」は、社内共通のキーワードにするため、極力シンプルでわかりやすい方がいいでしょう。単純に、そうでないと顧客や従業員に伝わりづらいからです。後にインナー

ブランディング（従業員へのブランド促進活動）について話をしますが、わかりやすく共感できるものにするというのが、成功の秘訣と言ってもよいでしょう。

カインズはブランドの目指す姿を「くらしに、ららら。」としたことで、多くの従業員（特に店舗のスタッフ）に、会社の考え方が浸透したそうです。「それ、『くらしに、ららら』している？」ということがキーワードになっているのではないでしょうか。

4―「当たり前のこと」になってしまっていないか

「目指す姿」に、競合でも使用していそうなキーワードを使用してもあまり意味がありません。競合との違いを明確にし、顧客にとっての価値を考える必要があります。当たり前のことを書かないように注意しなければなりません。

以前、ＰＢのブランド開発時に、各社のブランドのコンセプトを調査したのですが、多くのブランドが「安全」「安心」「信頼」「品質」「安さ」と書いていました。食品を扱うブランドであれば、「安全」や「品質」は前提条件です。それ以上の他社にない価値を提供する必要があるでしょう。

優位性を保つカギは「情緒的価値」と「自己表現的価値」

あなたは、スニーカーを購入して使用した後、どんな気持ちになるでしょうか。

走ることを目的にアシックスのスニーカーを購入した場合、「弾力性のあるソールによって、疲れなくなった」という人もいるでしょう。アディダスの〝スタンスミス〟の限定モデルを購入した人は、「オシャレを先取りできた」という「高揚感」や「うれしさ」があるかもしれません。あるいは、最新のエアジョーダンを履くことで、軽快にダンクシュートを決めて「八村塁選手のような、スター選手みたいな気持ちになれた」という方もいるかもしれません。

商品を購入すると、その商品を使ったり、体験したり、経験したりすることで得る「目に見えない価値」があるのです。売り手の中には、自分たちの仕事や商品の役割は「お客さんにモノを売った瞬間に『利益を得る』という結果をもって終了」と考える人もいるかもしれません。しかし、お客さんにとっては、買って使って体験することで得ることのできる「利益」、つまり「顧客にとっての価値」があるのです。

この「顧客にとっての価値」とは、ブランドを構成する価値のことなのですが、主に「機能的価値」「情緒的価値」「自己表現的価値」の3つから成り立っています。

■機能的価値（Functional Benefits）

機能的価値とは、商品やサービスが持つ機能的な特徴やスペック、または、それによって得られるプラスの利益のことを言います。速い、軽い、厚い、頑丈、便利、よく落ちるなど、多くは数値化することが可能です。

（例）　インテル　　高速なプロセッサー
　　　　アタック　　洗浄力

■情緒的価値（Emotional Benefits）

情緒的価値とは、商品やサービスを利用したり、体験したりして得られるプラスの気持ち（ポジティブな感情）のことを言います。格好いい、楽しい、高揚感、シンプルさ、高級感、安定感など、感情にまつわることを指します。

（例）ドン・キホーテ　楽しさ、わくわく感
無印良品　シンプルさ、洗練された

■自己表現的価値（Self-expressive Benefits）

自己表現的価値とは、その商品やサービスを利用したり体験したりすることで得られる自己表現、自己実現感のことを言います。その商品や理想的な自分に近づける、自信が持てるなど、自身の理想に対する達成感などのことです。

（例）スターバックス　都会的で洗練された気分になれる
アップル　クリエイティブになれる

これら3つの価値を説明すると、セブン-イレブンが24時間営業を始めたという場合、24時間営業自体は、あくまで事実（ファクト）でしかありません。この24時間営業において、お客さんが得られる「機能的価値」は「便利さ」ということになります。周囲のお店は皆閉まっている時間に、急な買い物が必要になったときなどに「夜でも開いていてよかった」というような便利さです。

ただ、この機能的価値は、洗浄力やスピードなど、技術力や圧倒的な資本力の差があれば別ですが、同等レベルの競合他社なら比較的容易にマネすることができるのです。

機能的価値で競合との差別化を図るには、よほど機能的に優れた技術やサービスでないと、優位性を保つことが難しいのです。コンビニの場合、24時間営業のコンビニ店が他にも出てくれば、その優位性はなくなり、24時間が決め手であれば、競合にお客さんを奪われてしまうということになります。

しかし、ここに「情緒的価値」があれば話は別です。例えば、ローソンはブランドメッセージを「マチのほっとステーション」としています。「遅い時間でも、ローソンに行くとなんか『ほっと』するから、ローソンがいいんだよね」となれば、この「ほっとする気持ち」が「情緒的価値」となるのです。

この気持ちは、もしかすると、店員の接客、店の雰囲気、ほっとするような商品から生み出されるのかもしれません。いずれにせよ、そこにローソンとしての「ほっとしてもらいたい」という、ブランドの提供価値があるのです。

また、「自己表現的価値」というと、「高級ブランド＝成功者」というイメージが想起されるかもしれませんが、高級ブランドのことだけを示すものではありません。アップルのノートPCを使うことで「クリエイティブな人やデザイナーの気分になれる」という人もいるでしょう。つまり、そのブランドを使うことで、どんな自己を表現することに役立ったか、という価値を意味します。

機能的価値だけでは差別化しづらい

ブランド戦略の大家と言われるデービッド・アーカーは、ことのほか、この情緒的価値と自己表現的価値の重要性を訴えています。それは、先述した通り、機能的な側面では競合との差別化をすることが難しいからです。現時点でよほどの優位性があったとしても、それがなくなれば途端に、違うブランドへ切り替えられてしまいます。

スーパーもいくら価格を下げても、チラシを配っても、ポイントカードでクーポンをサービスしても、自社より安い競合のスーパーが隣にできれば、お客さんはそちらに流れていってしまうかもしれません。

しかし、こんなスーパーだったらどうでしょうか。そこでしか得られない楽しい空間だったり店員だったり、そこのスーパーでしか手に入らないそのスーパーらしい感動的な商品だったり、何かしらのエンターテインメント性があれば、そのスーパーが好きになるかもしれません。そうなれば、多少遠くても、多少高くても、わざわざ行く価値があるでしょう。

大事なことは、情緒的価値があるかどうかということです。

つまり、情緒的価値や自己表現的価値がないと、差別化ができず、競合との価格競争に巻き込まれてしまう可能性が高いのです。

何かのファンになったり、好きになったりするのは、ちょっとした気持ちや感動があるからです。このちょっとした感動がブランドと人をつなげ、強固な関係をつくるのです。ですので、ブランドにとっては目に見えない、情緒的価値が重要になってくるというわけです。

ブランドにも人のような〝個性〟がある
～「ブランドパーソナリティー」

結構前から会っているのに、印象がなく、なかなか名前や顔が思い出せない人もいれば、会って間もないのに、印象が非常に強く、名前と顔がすぐ覚えられる人もいますよね。覚えてもらえる人とそうでない人との違いの1つに、個性の強さがあると思います。私も経験上、何人もの営業担当と会っていますが、個性の強い人は、1回しか会っていなくても、名前も顔も明確に覚えているものです。

人に個性があるのと同様、ブランドにも個性があります。そのブランドの個性のことをブランドパーソナリティーと呼びます。「パーソナリティー」が「人格」を意味するように、ブランドパーソナリティーは「ブランドの人格」と言ってもよいでしょう。

わかりやすいブランドパーソナリティーを挙げると、トヨタなら「誠実」や「堅実」、トヨタの中でもレクサスなら「成功者」と言えるでしょう。また、スターバックスなら「都会的でセンスがよい」といったところでしょうか。

ブランドパーソナリティーはまさに個性であり、キャラクターであることから、人がその個性を真似ることができないように、ブランドも真似ることができません。強いブランドにはしっかりとした個性があり、ブランドパーソナリティーの視点からしても、競合との差別化が非常に明確にされていると言えます。

前の節でお伝えした「自己表現的価値」と同様の話ですが、顧客の側としても、自己演出にそのブランドを利用することがあります。例えば自身を成功者と演出し自己表現するには、ロレックスやオメガなどの高級腕時計、メルセデス・ベンツやＢＭＷなどの高級車を使用するかもしれません。

逆に、自社のブランドのパーソナリティーがなければ、個性がなく特徴のないブランドとなってしまうでしょう。したがって、ブランドにとっては、このブランドパーソナリティーを明確にして打ち出していくことがとても重要になります。

価格訴求ブランドにもブランドの個性がある

強いブランドや高価格帯のブランドにだけ個性があるのではなく、特徴のあるブランドには必ず個性があります。価格訴求ブランドにだって、特徴があれば個性はあるはずです。価格訴求型ブランドも単なる「激安」を訴求するブランドにしてしまえば、競合が同様のことをしたときに差別性がなくなってしまうでしょう。

しかし、ただ「安いこと」ではなく、「無駄を省くことで低価格を実現している」ことをブランドの売りとすることで、だいぶ変わってきます。

例えば、「割れているものも入っている煎餅《せんべい》や乾燥しいたけ」「個包装されていないお菓子」など、企業努力によって低価格が実現されているのであれば、お客さんはそれらを価値として認めてくれるでしょう。

そこをしっかり訴求することが、ブランドとしての役目になります。

この場合、ブランドパーソナリティーは左記のようになるでしょう。

・倹約家
・買い物上手
・エシカル（＝地球環境や人、社会、地域に配慮）

一見、価格訴求のブランドは年収の低い人がターゲットのように思われがちです。しかし、「無駄なものにお金を払いたくない」という知識層をコアターゲットとすることで、世帯年収の高い人や教育水準の高い人の心に刺さるかもしれません。その人からすると、そのブランドを買うことで、「私は自己実現できた」となるでしょう。

昨今は環境の負荷に伴い、レジ袋の無料配布をしないスーパーが当たり前となっていますし、「廃棄ロスを減らすために、割れている商品も入れました」としても受け入れられるでしょう。単なる「安売り商品のブランド」とするか、「地球環境を考えたブランド」にするか、個性の出し方によってブランドの価値も変わってくるということです。

個性が強いアメリカのスーパー

「日本のスーパーやドラッグストアってどこも似ている」

そう思ったことはないでしょうか。置かれている商品に多少の違いはありますが、基本的にはどこのお店にも同じような商品が置かれており、多くのお店が似ていて個性や特徴がないと感じている人は多いと思います。

それは、それぞれの小売りに個性がないということかもしれません。個性がないからどこに行っても同じように感じるのです。

第1章でも紹介したアメリカのトレーダー・ジョーズというスーパーは、比較的お手頃な価格帯でオーガニックなどこだわりの食材を扱っており、カリフォルニアを中心に展開しています。南国の雰囲気のある店舗空間、オーガニックやレトロなデザインなど個性的で、カリフォルニアで人気があります。他のスーパーで1つとして同じような個性のスーパーはありません。

そして何より店員がとても陽気なのです。「WELCOME!」と店内でハイファイブ（ハイタッチ）をしてくれるのです。また、お買い物バッグのデザインがかわいいと評判で、日本人観光客の間でも定番のお土産となっています。日本でもトレーダー・ジョーズのお買い物バッグを普段使う主婦をよく見ます（考えてみてください、最寄りのスーパーの名前がでかでかと書かれたお買い物バッグを自慢気に持つかどうか…）。

たかがスーパーと思うかもしれませんが、個性を変えるだけで、行きたくなるスーパーに変わるのです。

ブランドに個性があり、唯一無二の存在となれば、競合は真似ることができません。

唯一無二のブランドをつくるために、やってはいけないこと

何か商品を購入したり、サービスを受けたりした際、「この商品って、何かあの商品とそっくりだ」とか、「このお店の雰囲気ってどこどこと似すぎじゃないか？」と思った経験はないでしょうか。

この「どこか似ている」という感覚の正体は、強いリーダーブランドに似せることで利を得ている、フォロワーの立ち位置にいるブランドによるものです。そのブランドの世界観が業界自体の流行りということもありますし、それ自体が悪いかどうかはなんとも言えません。また、あえて雰囲気を似せることで二匹目のどじょうを狙おうとする、フォロワー的な考え自体を否定するつもりはありません。

しかし、どこどこのブランドに似ていると言われている時点で、オリジナリティのある強いブランドを築くことはできないとは言えるでしょう。

もし、いろいろやっているうちに、デザインがなんとなく競合に似てしまっていたなど

競合に引っ張られる場合は、あなたのブランドに確固たるブランドの「目指す姿」がないか、周知されていないからだと考えられます。

ブランドは、お客さんの頭の中に焼き付けるもの、ということを思い出してください。人間の記憶には限りがあり、ブランドを覚えていられるとしたら1カテゴリーにつき1つくらいではないでしょうか。であれば、他のブランドに似せることはナンセンスだし、「目指す姿」がなければ、自然と競合に似てしまうので注意しなくてはなりません。

先に第2章で、セブン&アイ・ホールディングスがPB「セブンプレミアム」をリニューアルした際、お客さんのブランド認知を高めるためにデザインを変えたところ、非常に話題になったことを話しました。

その後、コンビニやスーパー各社がどうしたかというと、どこもかしこもPB商品のデザインを、白を基調としたものに変えたのです。なぜコンビニやスーパー各社のPBのデザインがそうなったのか、正確な経緯はわかりませんが、よく言われることは「どこもセブンみたいだよね」です。

「二番煎じでも、利益が出ればよいのではないか」と考える人もいると思います。短期的に考えれば、利益は出せるのでいいのかもしれませんが、長期的に見れば、ブランド価値を築くことは難しいと考えるべきでしょう。

パクリはブランドの毀損にしかならない

「なんとなく似てしまう」は、ブランドの「らしさ」がないからとお伝えしました。しかし、それよりも絶対やってはいけないのが、パクリです。なぜなら、パクリはブランドの毀損にしかならないからです。

私は以前、スーパーやドラッグストアのオリジナル商品を調査したことがあるのですが、その中には、笑ってしまうくらい、メーカー品と似ている商品が多数あったのです（どこのどの商品とは言いませんが）。なぜそんなそっくりなデザインになったのか、業界の関係者に聞くと、「メーカー品に似たデザインの方が、お客さんに『安い』と思ってもらいやすい」ということでした。業界関係者の言い分もわかるのですが、私は、お客さんが本当にそう思っているとは思えず、調査したことがあります。

すると、実際は全く違いました。メーカー品と同じようなデザインの、スーパーのオリジナル商品を見せたところ、お客さんは「間違えて買ってしまい、悔しい思いをした」「お店の巧みな戦略に騙された」など、大きな不満を抱えていることがわかったのです。「騙された」とか「悔しい思いをした」などのネガティブな感情を抱くとどうなるでしょうか。たかが一オリジナル商品かもしれませんが、店舗ブランドのイメージも下がるし、そうなれば、会社としての価値、企業価値にも影響を及ぼすことが考えられるでしょう。

さらに、従業員にも影響があることを忘れてはいけません。メーカー品に似せたスーパーのオリジナル商品を売っている従業員に直接話を聞いたのですが、「とても抵抗感がある。お客さんを騙して売っているようで、すごく嫌だ」ということでした。もし、罪悪感を抱きながらお客さんに販売しているのであれば、従業員も疲弊してしまうでしょう。

パロディのように完全に振り切れているのであれば、まだ個性としてとらえることもできると思いますが、他社とそっくりの商品を販売するのは、お客さんを欺く行為ではないでしょうか。私は、これらのことは、海外でたまに見る、コピー商品の類いとなんら変わらないと思っています。もし、他社とそっくりの商品をつくっているのであれば、企業姿勢が厳しく問われている昨今、企業として改善が必要なのではと考えます。ブランディングをやるのであれば、マネするよりはマネされろ！　ということです。

第6章

イメージ通りのブランドを実現させるコツ

ブランドの「らしさ」は、こうつくる

イメージ通りのブランドを実現させるために、まず具現化するべきは、ロゴやブランド名など、ブランドを構成する基本的な要素です。それを「ブランド要素（または、ブランドエレメント）」と言います。

ブランド要素には、ロゴやデザインなど視覚的な（ビジュアル）要素と、ブランド名やブランドステートメントなど言語的な（バーバル）要素があります。音や匂い、触り心地など、五感に訴えたブランド要素もあります。ブランドは、五感を通してブランドを体験することによってお客さんの頭に築かれていくものなので、ブランド要素の構築は注力すべきことです。それぞれのブランド要素がブランドの「らしさ」を忠実に表現することで、統一感のあるブランドのイメージが構築されていきます。

よく、ブランディングで「トンマナ（トーン&マナーの略）を合わせて」と言うことがあるのですが、これはブランドの統一感を保つために使われる言葉です。そもそもトーン

＆マナーは、ブランドを表現する際のルールを定めたもの、統一感のあるブランド表現を行うためのものです。広告や販促物などのデザイン表現や理由づけの根拠になり、デザイン会社や代理店などとの間で共通認識となるものです。もし「シンプルさ」や「調和」を重んじる無印良品が、蛍光色など派手な色を使った商品や広告を出したら、おそらく違和感を覚えると思います。無印らしいシンプルなデザインや自然な色で商品や店内を表現することで統一感が保たれ、トンマナの合った世界観がつくられるのです。

ただ、注意しなくてはならないのが、発信側の一方通行ではブランドをつくれないということです。受け手となる顧客が「らしさ」を感じ取ってはじめてブランドの「らしさ」がつくられていくからです。例えば、ブランドの情緒的な価値が「ノスタルジック」とか「昔を思い出す懐かしさ」であれば、「落ち着いた配色」や「セピア色の写真」などが選ばれるかもしれません。お客さんから見ても「ノスタルジック」とか「昔を思い出す懐かしさ」を感じてもらえれば、ブランドの「らしさ」が伝わっていると言えるでしょう。

人は美しいものが大好きです。どうせつくるなら、ぜひセンスの良い美しいものにしたいですね。ブランド要素はとてもセンスが問われる重要な工程ですので、デザイナーと慎重に、かつ臆することなく進めていきましょう。

「視覚的ブランド要素」のパターン・制作ノウハウ

まずは、視覚的なブランド要素であるビジュアルアイデンティティ（以下ＶＩ）について解説します。ＶＩとは、ブランドの統一感を保つために、目指す姿を視覚化したデザイン要素一式のことです。具体的には、ブランドのロゴマークやカラー、店舗や商品パッケージ、ＷＥＢサイトなどのデザインシステムのことを言います。

ブランドロゴ（ブランドシンボル）のパターン

ブランドシンボルとなるロゴは、ブランドの顔とも言えるものです。ロゴの構造や特徴を理解し、ブランドの戦略と照らし合わせて、具体的に表現していきます。

一般的に、ロゴは大きく3つのパターンに分けられます。

1 アイコンのみ

アイコンだけでブランドを表現しているパターンのロゴ。

アップルやナイキのようにイラストだけで表現する場合と、マクドナルドの「M」やブリヂストンの「B」のようにアルファベット1文字をアイコンで表したものがあります。

2 アイコン＋文字

アイコンに文字をプラスしてブランドを表現しているパターンのロゴ。

JALの「鶴」やクロックスの「ワニ」などは、象徴となるアイコンと文字がセットで表記されています。

3 文字のみ

文字を基本としつつ、一部をアイコン化などしたデザインでブランドを表現しているパターンのロゴ。

IBMやSONY、CANONなどが挙げられます。

ロゴ制作におけるポイント

ロゴデザインは基本的には、ブランドの「らしさ」を表すものです。覚えやすく、見やすく、個性的で印象的なデザインがよいでしょう。

その上で、以下に注意しながらデザインを進めていくことをお勧めします。

1―自社の想いを表現する際に意味を持たせる

ロゴは、自社のブランドを表現する場所です。「我々のブランドはこうしたいんだ！」という想いをのせる場所とも言えます。そのブランドならではのブランドエッセンスや特徴、提供価値などをロゴで表現できるとよいでしょう。

イオングループの「イオン（ＡＥＯＮ）」は、ラテン語で永遠を意味します。ロゴのＡとＥの間に、特徴的な輪のアイコンデザインがありますが、これは永遠に回り続ける輪を意味し、「人間性にもとづく永遠の世界観と平和への概念」と「グループとしての一体感」の象徴として描かれたものだそうです。また、イオンの提供する電子マネー「ＷＡＯＮ（ワオン）」の犬の首にあるリングは、この輪と同じものです。

2 ― 文字が読めるロゴの方が覚えられやすい

以前ロゴ作成について議論をしているとき、「アイコンのみのロゴは格好良いから、アイコンのみのデザインがいいのではないか」という意見がありました。

先に紹介したように、アップルやナイキのロゴをよく見ると、文字は一切ありません。スターバックスもそうです。

しかし、スターバックスのロゴから文字がなくなったのはつい最近のことです。文字のないロゴは一見、格好良く見えますが、アイコンだけでブランドを認識してもらうのは非常にハードルが高いので、あまりお勧めはしません。ブランド名が広く認知されていることが前提としてあり、アイコンのみのロゴが成り立つのです。

認知を高めたいブランドにとっては、「いかに早くブランドを覚えてもらうか」がとても大切です。そのためには、文字の視認性が高く、読みやすく発音しやすいロゴデザインがよいでしょう。

3 ― 実際に使われることを意識してロゴデザインを表現する

自社のロゴが、商業店舗や商品パッケージ、ＷＥＢサイトなどの具体的な対象物に、上手に表示されることを逆算してデザインを考えるようにしましょう。

例えば、あまりに複雑なデザインのロゴにしすぎると、印刷で表現できない場合があります。ドットが小さすぎて印刷では潰れてしまい、きちんと表現できなかったという話を実際に聞いたこともあります。また、ロゴデザインに使った色数が多すぎたため、印刷時に色を再現することが難しく、都度対応に苦労しているというケースもあります。

4―どこかで見たようなデザインにはしない

「あれ、このロゴどこかで見たことある」とか、「このロゴ、何かに似てない?」と言われるようなデザインは極力避けたいところです。例えば、リンゴをかじったようなデザインであれば、アップルを連想するかもしれないし、赤い正方形にカタカナを白で四文字入れたものであれば、ユニクロに似せたのかと思われてしまうでしょう。

以前、2020年東京オリンピックの「T」の文字のロゴデザインが、ベルギーのリエージュ劇場のロゴに似ているということで、問題になったのも記憶に新しいと思います。

似たようなロゴデザインが登録されているかは、特許情報プラットフォーム(J-PlatPat:https://www.j-platpat.inpit.go.jp/)のWEBサイトの「商標」から「図形等分類表」

の中の「分類表」を選ぶことで検索することができます。または、特許事務所に相談するのもよいでしょう。

5―人に自慢したくなるか

海外には、そのブランドが好きすぎてロゴのタトゥーを体のどこかに入れてしまうというほど熱狂的な人がいるそうです。タトゥーとまではいかなくとも、「人に自慢したくなるか」という視点はとても重要です。

例えば、「レジ袋に入れて持ち歩きたいと思えるか」「ラップトップにシールを貼りたいと思えるか」などが重要な視点です。

フォントはどうするか

皆さんご存じのように、同じ言葉でもフォントによって読みやすかったり、読みにくかったりします。また、流行りのフォントも存在します。ブランドのロゴを決めるときは、イメージに合っているかどうかを重視して、フォントを選択するとよいでしょう。

日本語のフォントには様々な種類がありますが、大きく「明朝体」「ゴシック体」「毛筆体」に分けられます。「歴史」や「伝統」というイメージには明朝体、毛筆体が該当し、「明るさ」とか「ポップな」となれば、丸ゴシック体が該当するでしょう。

最近では、UD（ユニバーサルデザイン）フォントが注目されています。これは、「できるだけ多くの人が利用可能であるようなデザイン」というUDの基本コンセプトからつくられているフォントで、「読みやすさ」や「読み間違いをしない」ことなどに注力したフォントです。

有名ブランドでいえば、イヴ・サンローランやバーバリー、セリーヌなど、ヨーロッパのファッションブランドがUDフォントを使うようになってきました。しかし一部では、「どれも似たようなロゴになってきた」という否定的な意見もあるようです。いずれにせよ、自社のブランドの「らしさ」とロゴの世界観がマッチしていることが重要です。

東芝や日立、松下（現パナソニック）など、大手家電メーカーの昭和時代のロゴを思い出してください。いま見ると、いい意味でノスタルジックと思うかもしれませんが、多くは「古い」という印象を持つものです。時代とともにロゴのフォントも変わっていきます。バルミューダやダイソンなど、近年流行りの家電のロゴを見ると、「新しい」とか「おしゃれ」というようなイメージになるのではないでしょうか。
ターゲットやブランドが目指す姿など、ブランドのポジショニングが変われば、ロゴのデザインやフォントのイメージも変わります。図6―1
その際も、やはり「ブランドとして提供したい価値」と「お客さんが受け取るイメージ」がマッチすることが大切なのです。

ブランドカラーの決め方

あなたはデパートやショッピングモールでトイレに行くとき、男子用か女子用かを見分けるために、トイレのアイコンサインを見てどのように判断しているでしょうか。

おそらく「青か赤」と、色で判断していると思います。信号機も同様でしょう。もし色でなく、文字で「赤」「黄」「青」なんて書かれていたら、一瞬迷ってしまいますよね。人は文字より色で瞬時に判断する生き物なのでしょう。そのことから、ブランドづくりにおいても、色（キーカラー）はとても大事な要素になります。

私がセミナーを行う際、「オレンジ」「緑」「赤」の3本の色の線だけを見せて、どんな

6-1 ロゴフォントの変更(例)

反射材ブランド「RefLite(レフライト)」のケース

旧　　　新

Ref-lite ▶ RefLite

1970年代につくられたロゴ(左側)を
2020年に変更(右側)

ブランドを想像するか聞くことがあります。何の説明もせず、ただ3つの色を見せるだけです。それでも多くの人が、「セブン-イレブン」と回答します。ブランドを色で覚えているのです。おそらく、街中でこの色を見つけた瞬間、セブン-イレブンと判断していると考えられます。

同様に、次のような質問と回答に、多くの方が同意されるのではないでしょうか。

・赤と黄色のファストフード店といえば　↓
マクドナルド
・オレンジに黒の牛丼屋といえば　↓吉野家
・黄色に青色のドラッグストアといえば　↓
マツモトキヨシ

大塚製薬の「カロリーメイト」を正面から見ると、黄色のパッケージに黒字で「Calorie Mate」と書かれていて、日本語は一切記載されていません。多くの人は、「黄色地に黒の英字が書かれているデザイン」くらいの曖昧さで判断しているのではないでしょうか。英字で「Calorie Mate」と正確に書ける人は少ないかもしれません。

ちなみに、ブランドによっては、色そのものが商標で登録されている場合もあります。例えば、ターコイズっぽい青色が特徴的な「ティファニーブルー」は、アメリカでは商標として登録されています。

日本でもMONO消しゴムの青、白、黒で構成される色や、セブン‐イレブンのオレンジ、緑、赤で構成される色が商標登録されています。それらのブランドは、それくらい色にこだわりをもっているということです。

色からブランドを連想できるということは、キーカラーの選定次第で、お客さんに覚えられやすく、印象のあるブランドになるということです。

色にはそれぞれ、連想される言葉があります。

赤：情熱、興奮、暑い、活動的、喜び、燃える、激しい、愛情
黄：明朗、快活、躍動、のどか、前進的
緑：さわやか、若さ、平和、新鮮さ
青：静寂、涼しさ、開放感、知性、清潔
紫：高尚、優雅、魅力、あでやかさ、高級

（『カラーコーディネーター検定試験3級公式テキスト〈第4版〉』東京商工会議所編／中央経済社【図・表2-4】「色の連想―象徴語」より抜粋）


これらはあくまでも例ですが、参考になるところは大いにあるかと思います。

例えば、低価格を訴求するブランドは、赤や黄色など原色を使う傾向があります。スーパーは赤が多いですし、ドン・キホーテもメインカラーは赤と黄色です。目に入りやすいことから、店頭のチラシも原色が多いでしょう。

逆に、高級なものには、金や銀、黒などのダークトーンが使われることが多いです。高級スーパーの紀ノ國屋のブランドカラーは、ダークグリーンです。

細かく分ければ、色の種類はたくさんあるので、ブランド戦略に合った色をデザイナー

に提案してもらうとよいでしょう。

ブランドのロゴやキーカラーを選定する際には、ブランドのエッセンスや提供価値など、コンセプトとのマッチングがよい色を1～2色、選定すると良いでしょう。

その他の視覚的なブランド要素

ここまでブランドロゴ、フォント、カラーについて紹介しましたが、他にもブランドコミュニケーションを行う際に重要となる視覚的なブランド要素があるので紹介します。

■カラーチャート

ブランドのキーカラーは通常1～2色ですが、広告などの制作物を作成する場合、キーカラーだけだと、ブランドコミュニケーションにおける広告物としての表現が難しいでしょう。その際は、何色か追加して制作する必要があります。

しかし、バラバラな色を使うと、ブランドの統一感が崩れて、「らしさ」が伝わりません。その際にカギとなるのが配色です。ブランドのカラーチャートをつくり、色のトーンを揃えたり、寒色系の色で揃えたりすることで、統一感を出すことができます。

■キービジュアル

ブランドの象徴的なイメージを、写真やキャラクター、グラフィックデザインなどで表したものを「キービジュアル」と言います。これを用意しておくととても便利です。WEBサイトのトップページに使ったり、メディアからの取材後にキービジュアルを求められたりすることがあります。

■ビジュアルイメージ

ブランドコミュニケーションの際、様々なタッチポイントでの表現に使われるのが、写真などのビジュアルイメージ画像です。撮影する場合もあれば、有料素材を使用する場合もあるでしょう。撮影の角度（真俯瞰、斜俯瞰など）やビジュアルの色、トーンなどを合わせることで統一感を持たせることが必要です。

例えば、アパレル業界では、ブランドごとに「ルックブック」を作成します。ルックブックとは、そのブランドのコンセプトやブランドのイメージをまとめたものです。統一された世界観がひとつの冊子にまとめられているので、ＷＥＢや広告物を制作する際に参考になります。

■デザインシステム

店舗や商品パッケージ、ＷＥＢサイトなどのデザインを統一するために、使用方法を決めるのがデザインシステムです。言い換えれば、デザインに関するあらゆることを構造化したもののことです。

例えば店舗であれば、屋内や屋外、路面店、郊外型店舗など、各種フォーマットがありますが、基本デザインシステムで全体の統一感を出し、各店舗のフォーマットで展開のデザインを出し、お店ごとに統一感を出すよう対応します。

その他に、タッチポイントごとにデザインを展開するコミュニケーションのデザインシステムなどもあります。

重要なことは、目指す姿をしっかり見た目（ビジュアル）で具現化し、統一感を出すことです。そうすることで、ブランドの「らしさ」が生まれていきます。

「言語的ブランド要素」のパターン・制作ノウハウ

次に、「言語的なブランド要素」であるバーバルアイデンティティ（ブランドを表現する言葉）について説明します。

バーバルアイデンティティは言葉による表現であるため、我々一般の人でもつくることができると思われがちですが、ビジュアルデザインをグラフィックデザイナーが行うように、バーバルアイデンティティはコピーライターに任せるのがよいでしょう。コピーライターは言葉のデザイナー、つまり言葉をデザインするプロだからです。

また、ビジュアルに統一感が重要であるのと同様に、言葉にも統一感が求められます。すべての言葉から「らしさ」が伝わるようにしたいものです。

ブランド名のパターン

ブランド名は、人間で言えば氏名にあたるものです。ブランドイメージに与える影響はとても大きいので、ブランド名の構築はとても重要です。ビジネスシーンで、いかに早くあなたの名前と特徴を覚えてもらうかが重要であるのと同じです。まずはブランド名の構造を理解しましょう。ブランド名考案の上で参考になる４つのパターンを紹介します。

１―固有名詞や造語（一語で表現したもの）

１つの意味をなすワードや固有名詞、造語など一語で表現しているブランド名。「Apple」「Tesla」など、意味をなす言葉一つで表現したものや、「Pocky」（細い棒を折る擬音〝ポキッ〟をもじった言葉）のように何らかの意味を含む造語。あるいは、「SAPPORO」「Dior」「TOYOTA」「マツモトキヨシ」といった、地名や氏名などの固有名詞由来のブランド名。

２―「言葉」と「言葉」の掛け合わせ

何らかの意味を持つ単語の組み合わせや、固有名詞、造語などの言葉の組み合わせによって表現しているブランド名。

「ユニクロ」（ユニークの「ユニ」＋クロージングの「クロ」）、「カラムーチョ」（辛いの「カラ」＋スペイン語のMUCHO〔もっとの意〕の「ムーチョ」）など。

3―頭文字を取ったもの（アクロニム造語）

いくつかの単語の頭文字を取り、組み合わせて表現しているブランド名。

スポーツシューズで有名な「ASICS（アシックス）」は、はラテン語の「Anima Sana In Corpore Sano（もし神に祈るならば、健全な身体に健全な精神があれかし、と祈るべきだ）」の頭文字を取ったもの。サプリメントや化粧品で有名な「ＤＨＣ」は、大学翻訳センター「Daigaku Honyaku Center」の頭文字を取ってＤＨＣとしたもの。

4―順番を変えたもの、逆さかから読んだもの（アナグラム造語）

意味のある単語の順番を変えたり、逆さから読むことで表現しているブランド名。

Ｊリーグの「コンサドーレ札幌」は、「道産子（どさんこ）」を逆さに読み、ラテン語の「-ole（オーレ）」の響きを組み合わせたもの。また、佐藤製薬の「ハクビホワイトＣ」のハクビは「美白（びはく）」を逆さに読んだもの。

その他にも、会話パターンの「お〜いお茶」、説明パターンの「じっくりコトコト煮込んだスープ」、オノマトペや擬音を使った「ガリガリ君」などの手法があります。

「目指す姿」とブランド名をどうつなげるか

ブランド名を考えるときの要素として、ブランド戦略のポイントを表現できているか、戦略と合っているかということも挙げられます。「目指す姿」とブランド名をどうつなげるかがカギになります。

もし、ブランド名を地名や人名にするなら、当然ながら「目指す姿」を表現することはできません。「スターバックス」というブランド名を聞いただけで、第三の場所を提供してくれるブランドとは誰も思わないでしょう。この場合、あらゆるタッチポイントで「スターバックス＝第三の場所」ということを示すコミュニケーションを行う必要があります。

「ブランド名は育っていくものだから、最初は意味がなくても、後から意味をつくっていけばいい」という人もいます。また、ブランド発表後、最初は「変な名前だね」という人もいますが、それはまだ耳慣れていないからとも考えられます。例えば携帯のdocomoは、発表されたときは「何だか変な名前」と思った人もいたかもしれません。でも、今では当たり前のように認識されていて、違和感はないと思います。スターバックスも同様です。「スターバックス＝第三の場所」というコミュニケーションをし続けることで、ブランドの提供価値が理解されていくのです。

ただし、そのような場合はコミュニケーション費用がかかってしまうという懸念があります。コストをかけられない場合は、はじめから、ブランドの「目指す姿」がお客さんにわかりやすいように、お客さんにとってのベネフィット（ブランドの提供価値）をそのままブランド名にするとよいでしょう。そのわかりやすい例を紹介します。

■機能的な価値をベネフィットとしてブランド名で表現

キュキュット　花王の食器用洗剤「キュキュット」は、洗った食器を指先でこする音を表したもの。食器に付いた油や汚れが取れるのを、音で実感できます。

ヒートテック　ユニクロの機能性インナー「ヒートテック」は、繊維の技術で体を暖めてくれることが連想されるネーミングです。

この点、小林製薬の商品ブランド名はとても秀逸です。「のどぬ～る」「熱さまシート」「ブルーレットおくだけ」など、なんとなくどんな商品か想像できますよね。ほかにもまだあります。「ナイシトール」＝ナイシ（内臓脂肪を）トール（取る）は、内蔵の脂肪を取ってくれることを連想するブランド名の漢方薬です。薬事法的にダイレクトには言えないので、ブランド名としてはギリギリの線を攻めていると思うのですが、ここで言いたいことは、「ブランドが私に何をしてくれるか」がとてもわかりやすいということです。

■情緒的な価値をベネフィットとしてブランド名で表現

王子ネピアの「鼻セレブ」は、保湿剤の入った柔らかい高級ティッシュペーパーとして有名です。当初は「ネピア モイスチャーティシュ」という商品名で販売していたそうですが、あまり売れず、「鼻セレブ」にすることで、売上が10倍を超えるヒット商品になったそうです。「鼻」に「セレブ」というだけでなんとなく鼻に高級感のある柔らかさをもたらしてくれそうなイメージです。いかに機能が優れていても、お客さんにとってのベネフィットが伝わらなかったら意味がありません。

花粉症で何度も鼻をかむため、鼻が荒れるという悩みがあれば、「鼻を綺麗に保ちたい」というインサイトがあるでしょう。それに対して「鼻セレブ」というブランド名は、それだけで品質の良さが伝わる情緒的価値を備え、「私の鼻を荒らさないティッシュ」という解決策を感じてもらうことができているのです。情緒的価値を訴求することで、知覚品質を上げることもできるというネーミングの好例です。

ブランド名を決める上での注意点

次に、ブランド名を決める上での注意点を紹介します。ぜひ参考にしてください。

1―ありきたりの名前は避ける

ブランド名は覚えやすいものが望ましいですが、よくありそうな名前は避けた方がよいでしょう。理由は簡単です。お客さんがＷＥＢ検索したとき、上位に表示されづらいからです。仮にブランド名を「メロン」として、ＷＥＢ検索で上位に何がくるかを想像してください。美味しいメロンがたくさん上位に並ぶことでしょう。

また、あまりにシンプルすぎるブランド名は、他社が商標や会社名として登録している可能性があります。労せずして検索上位に表示されるには、ありそうなブランド名は避けた方がよいでしょう。「『スイカ』や『アップル』があるではないか」という意見もあると思いますが、これらが悪いわけではありません。資本力があり、大量の広告で認知を獲得することができる企業は稀ということです。

2―読めないブランド名は避ける

パッと見て読めないブランドは、なかなか覚えてもらえません。読み方が難しい名字に「小鳥遊」さんがあります。小鳥が遊んでいる状態はタカがいないということから、「タカナシ」さんと読むそうです。読めなければ覚えるどころではありません。

アルファベットの場合も同様です。これは適当に英字を並べたものですが、「EMFHZ」という名前はどうでしょうか。なんと読むかわからないし、予想して発音するのも難しい。覚えてもらうには、ある程度発音しやすいアルファベットの配列にするべきでしょう。

いまあなたの手がけているブランドの名称が、読みづらかったり、間違えて発音されやすいのであれば、ブランドが認知されるまで、カタカナを併記してもいいでしょう。インテルのプロセッサーに「XEON」というブランドがあります。正しい読み方は「ジーオン」なのですが、人によっては「ジオン」「ゼオン」「キセオン」「クセオン」などと呼ぶそうです。浸透するまでは「XEON（ジーオン）」と、読み方を併記する方がよいということです。ブランドは呼び方が統一されていた方が、より認知度が上がります。

3―競合と似たようなブランド名にしない

私がマレーシアに住んでいたとき、「MINTENDO」や「SQNY」というブランドがありました。ここまでくると明らかにパクリを狙っているものと思いますが、競合他社と似たようなブランド名にすべきではありません。SONYっぽいと言われれば、オリジナリティが築けずブランドが育ちませんし、訴訟を起こされるリスクさえあります。

デザインの話でもお伝えしましたが、ブランド名も必ず商標をチェックするようにしましょう。せっかく思いついた名前でも、他社がすでに商標を取得している場合があります。まずは、特許情報プラットフォーム（J-PlatPat）を使うと、無料で商標を閲覧することができます。日本語と英語の両方で確認することをお勧めします。

特許事務所にお願いすると、過去に似たような名前が登録されているかを探してくれます。また、同じ名前が既に登録されていても、区分違いで登録できる可能性があるかどうかも教えてくれます。商標登録申請は企業でも行えますが、特許事務所にお願いすると便利です。商標は必ず登録しなければいけないものではありませんが、競合に先に登録されるようなことを避けるために、確定したら早めに登録しましょう。

4―海外の人が発音できるかどうかチェック

ネットが発達した現代では、アルファベット表記を海外の人が発音しやすいものにするのがいいでしょう。注意したいのが、発音のしやすさです。日本人には当たり前でも、海外の人は発音しづらい音があります。例えば「つ」。「TSU」と書かれていても、外国人にとっては発音が難しいようです。マツダは「MAZDA」、ミツカンは「MIZKAN」とZに変更し、グローバル対応をしています。

5―海外で使用可能かどうかチェック

カルピスは英語で「牛の尿（cow piss）」と聞こえるため、海外では「カルピコ」と変更しています。グローバル展開を考えているのであれば、海外でネガティブワードに聞こえないブランド名が望ましいです。

6 ― 飽きがくるものや、流行に左右される名前は避ける

ブランドは長い期間をかけて育てていくものなので、先々で飽きられたり、あとで変えたくなるような名前をつけないようにしましょう。

例えば、以前「マルチメディア」という言葉が流行りましたが、今ではあまり聞かれなくなり、古く感じられます。「クラウド」や「AI」といったキーワードも、近い将来どうなるかわかりません。最新の技術だからと「新」を意味するようなワードを入れれば、数年後には「新」ではなくなってしまうでしょう。

とはいえ、流行りを入れないよう気をつけていても、ブランド名が時代とともに合わなくなることはありえます。その場合、新しく変更するかどうかは悩みどころです。

知っておかなければならないことは、知名度を獲得するには、非常に多くの投資が必要だということです。自社のブランドにもし今、知名度があるのなら、それまでブランドに対する投資があったからでしょう。

Fujifilmはもはやフィルム事業メーカーではありませんが、ブランド名は変更していま

せん。フィルムメーカーではなくなったときに、変更することも可能だったでしょう。しかし、「Fujifilm＝イノベーションという価値を提供する会社」と定義し、化粧品を取り扱う現在では、フィルムメーカーとは思わない人の方が多いのではないでしょうか。

タグラインとブランドステートメント

タグラインとは、ブランドのスローガンのこと

ブランド名の次に考える言語的ブランド要素はタグラインです。タグラインとは、ブランドのスローガンのことを言います。言い換えれば、ブランドの目指す姿を一言で表したものです。キャッチコピーと間違われやすいですが、キャッチコピーは、広告でその言葉を見て、一瞬で心をつかむために開発された言葉なので、長きにわたってスローガンとして使われるタグラインとは意味合いが違います。

海外のブランドのタグラインといえば、次のものなどが有名です。

・ナイキ　JUST DO IT.
・アップル　Think Different.
・マクドナルド　i'm lovin' it

日本のブランドであればこのようなものを聞いたことがあるでしょう。

・カルピス　「カラダにピース」
・ローソン　「マチのほっとステーション」
・ニトリ　「お、ねだん以上。」

こうしたフレーズを見ると、そのブランドが何を目指そうとしているか、お客さんにどんな価値を提供しようとしているか理解できます。「ブランド名は変えられないが、お客さんに提供価値をわかりやすく伝えたい」というときは、タグラインを作成し、ブランド名とタグラインをセットにするとよいでしょう。

ドン・キホーテも「ドン・キホーテ」とだけ書かれるより「驚安の殿堂　ドン・キホーテ」と書かれた方が「驚きの安さ」であることがわかりやすいでしょう。

タグラインにおける表現内容は、ブランドによってそれぞれです。

・自社のブランドが「こうありたい」という姿を宣言したもの
・自社のブランドの「強み」は何かを表現したもの
・自社のブランドが「どんな価値を提供したいのか」を表現したもの

ポイントは、自分たちのブランドがどうあるべきか、お客さんに一番伝えたいことは何かを端的に表現するということです。有名ブランドのCMや広告物に表示されているロゴの真下に記載されているケースが多いので、ぜひチェックしてみてください。

■ブランドステートメント

ブランドが掲げる理想や目指す姿を簡潔な文章で表したブランドステートメントも、言語的なブランド要素となります。

言い換えれば、タグラインをより具体化したものであり、自分たちがどういうブランドで、ターゲットとなるお客さんにどんな価値を提供するかを約束する宣言書です。自分たちのブランドの目指す姿が明文化されることによって、社内外の共通認識が生まれるという重要な側面もあります。

企業のWEBサイトに、ブランドステートメントが記載されている場合もあります。例えばエバラ食品工業のサイトには、図6-2（上）のような文章が掲載されています。

文章化することで、ブランドが何をしたいのかが明確になります。社員教育などでも使えるので、用意しておくとよいでしょう。

6-2 ブランドステートメント(例)

エバラ食品工業(WEBサイトより)

「こころ、はずむ、おいしさ。」の提供

わたしたちは、お客様への情熱とチャレンジ精神を力に、
「人を惹きつける、新しいおいしさ」と
「期待で胸が膨らむ、ワクワクするおいしさ」を通じて、
人と人との絆づくりの機会を広げていきます。

RefLite

Color Your Style.
輝こう。無限の彩りで。

日本で初めて反射布を製造したブランドRefLite。
独自のテクノロジーを駆使し、高度な視認性が
求められるプロフェッショナル向けはもちろん、
感性を自在に表現するためのファッション用途まで、
あらゆる分野で価値ある輝きを生み出します。
まだ見ぬ可能性を、無限の彩りで切り拓く。
RefLiteが実現します。

次の（　）に、第5章で確認した自社ブランドのポイントを入れ、若干のアレンジを加えることで、ブランドステートメントができあがります。


我々（　ブランド名　）は、（　ターゲットのお客さん　）に対して、

（　自社の強み①　）や（　自社の強み②　）を活かし、

（　自社の機能的価値　）や（　情緒的価値　）を通じて、

（　理想・目指す姿　）を実現します。


その他のバーバルアイデンティティとして、ブランドストーリー、広告宣伝に使われる言葉、キャッチコピーもあれば、商品やWEBサイトで使われる言葉などもあります。

また、Twitterで発信する際の表現方法もブランドとの整合性が求められます。

重要なのは、より統一感のあるコミュニケーションを行うために、それぞれの表現がそのブランドらしいかを検討することです。

その他のブランド要素

次に、視覚的、言語的以外のブランド要素を簡単にご紹介します。

ブランドは五感を通じ、タッチポイントの体験を通してお客さんの頭の中に構築されていくため、視覚のほか音（聴覚）や匂い（嗅覚）、味（味覚）、触り心地（触覚）など、五感をフルに活用した訴求によって、強いブランドが築かれていきます。

ここでも忘れてはいけないのは、「そのブランドらしいかどうか」です。どんな訴求も、ブランドのコンセプトとマッチしているかを確認しながら行います。

また、一度決めたならば、その訴求をし続けることも重要です。長年にわたって実施し続けることで、お客さんに価値として認められていくブランドも少なくありません。

■音・音楽

誰しも、サウンドを聞いた瞬間にブランドを連想したり、そのブランドの商品やサービスそのものを連想したりすることがあると思います。

例えば、マクドナルドのＣＭや店頭で流れる「タラッタッタンタ～ン♪」という曲がその一つです。また、ハーレーダビッドソンのエンジン音はとても独特で、「男らしさ」「力強さ」を感じさせます。これも聴覚に訴えたブランディングと言えるでしょう。

■香り・匂い

嗅覚に訴えるブランディングもあります。

シャネルやクリスチャンディオールなど、高級ブランドの香水には「エレガントさ」や「高貴な感じ」があり、「このブランドといえばこの香り」という象徴的なものがあります。アメリカでは「においの商標」があります。久光製薬の「サロンパス」のにおいが、アメリカで商標登録されています。

■味

食品であれば味覚もブランドを構成する要素の一つです。コカ・コーラなどは、他が絶対に真似ることができない味で有名です。以前、味を変更したところ、お客さんが離れてしまい、すぐに元の味に戻したというのも有名な話です。

■形状

容器などの形状も、ブランドが持つ価値の一つと考えることができるでしょう。コカ・コーラのボトルやヤクルトの容器は、一目でそのブランドとわかる特徴的な形状をしています。

■触り心地

商品の触り心地も、ブランドの価値を連想させるエレメントの一つです。

キリンの「氷結」の缶の表面がデコボコしているのは、氷の表面のイメージを表したものです。また、缶を開けたときにも「パキッ」と音が鳴るようにしてあり、こだわりが徹底されています。

デザイナーといかに協業するか

ブランドづくりにおいて、何にもまして重要なのは、ブランドを表現するクリエイティブ（ブランドにおける具体的な制作物全般）のデザインです。「良いデザインが出ない限りブランドにおける成功はない」と言っていいくらい重要です。

ブランドの担当者は、ほとんどの場合、デザイナーでもデザインの専門家でもないため、イメージ通りのブランドを実現させるには、デザイナーとの協業が欠かせません。デザイナーが知りたいことは何かを把握し、より正確に、わかりやすく、ブランドの戦略や想いを伝えていきましょう。

デザイナーとやりとりする上でのポイント

1―デザイナーに戦略をしっかり伝える。ただし、具体的に指示し過ぎない

私自身もデザインの専門家ではありませんが、長年、「ブランドをどうデザインで表現するか」という仕事をやってきました。成功するために大事なことは、デザイナー（または、代理店の担当者やクリエイティブディレクターなど）に、ブランドの戦略や課題、目指す姿をしっかり伝えることです。

・目的　目的は何か、どこを目指しているのか。
・背景　なぜこれを行うのか、課題は何で戦略的にどうしたいか。
・仕様　制作物の具体的な仕様、サイズ、どこにどのように使われるかなど。
・特徴　機能的な特徴や、優位性は何か。
・ターゲット　誰をターゲットにしているか。ターゲットのインサイトは何か。
・差別化要素　競合とどう差別化しているのか、ポジショニングマップを記載。
・ブランドコンセプト　ブランドの提供価値、お客さんにとっての価値、機能的価値や情緒的価値が何なのかなど、ブランドに関わることを伝える。

これだけで足りない場合、デザイナーと項目を相談して用意します。

ここで注意してほしいのが、デザイナーに伝える際、「デザインに関しては、具体的な解決策を指示しない」ということです。なぜなら、そもそもデザインによる解決策を見いだすことがデザイナーの仕事だからです。

これは優秀なデザイナーから教えてもらったことなのですが、「高級な商品であるにもかかわらず、お客さんにはパッケージのデザインから高級感が伝わっていない」という課題があった場合、担当者がデザイナーに伝えるべきは、「高級感がお客さんに伝わっていない」までです。

間違っても、「高級さが足りないから黒と金にしてほしい」などと具体的な指示をしてしまわないことです。デザイナーの出す案が限定されてしまうからです。

もちろん、案の1つとして伝えるのはいいのですが、黒や金以外の色で高級感を表現する方法もありますし、柄の変更や追加などで高級感を出すこともできるでしょう。デザインによる手法はいろいろあるので、詳細はプロに任せるのがいいということです。

2 ― 言葉で伝えられないときは、ビジュアルで伝える

思い描く姿があっても、言葉ではうまく表現できなかったり、イメージ通りに伝わらな

かったりすることがあります。そんなときは、参考となる写真やイラストなどのビジュアルを用意し、デザイナーに伝えましょう。相互の理解がより深まりやすくなります。

ビジュアルは、gettyimagesやamanaimagesなどの画像ストックサイトで、比較的簡単に探すことができます。画像の利用には費用がかかりますが、閲覧は無料です。デザイナーにURLを伝えれば、イメージを共有することができます。また、PinterestやInstagramなどのサイトにも、参考となるようなビジュアルが多く掲載されています。

あるいは、日頃からブランドのターゲットとなる人が行きそうな街を歩き、「こんなのいいな」と思うものに出合ったら写真を撮影し、画像にストックしておくのもいいでしょう。例えば、セレブママがターゲットなら、広尾の街を歩き、セレブママが行きそうなカフェや雑貨店に立ち寄り、店舗の雰囲気、商品、料理、食器、装飾、店舗にいる客の服装などをチェックするとよいでしょう（撮影は店舗の許可がいる場合があるので注意）。

また、海外のブランドは素晴らしいデザインのものがあるので、ぜひ参考にしてください。Googleの画像検索で、ブランドに該当する形容詞（かわいい、おしゃれ、高価な、など）＋商品などの対象物（チョコレート、カフェ、など）＋具体的に落とし込みたいデザイン（パッケージデザイン、WEBデザイン、店舗デザイン、など）を英語で入力すると、魅力的な画像がたくさん表示されます。さらに、ピンクやブルーなど特定の色を加えると、より望んでいる検索画像が表示されるでしょう。チョコレートのパッケージデザインを探すのであれば、「cute chocolate package design」などと入力して検索します。

3 思い通りのデザインが出ないときは、まず「伝え方」を振り返る

デザイナーや代理店の担当者にしっかり伝えたのに、思い通りのデザインに仕上がらなかったという話はよくあります。そんなときは、伝え方に問題があったと思った方がよいでしょう。

先日、参加したあるコミュニケーションセミナーで、講師が「りんごをかいてください！」と言うので、私は美味しそうなリンゴを葉っぱ付きで描きました。それを講師に見せたところ、「私は『絵を描いてください』とは、ひとことも言っていませんよ」と言うのです。このときは「やられた」と思いましたが、相手に伝わるように伝えているつもりでも、こちらの意図した通りに伝わるとは限らないのだとよくわかりました。

重要なことは口頭と書面の両方で伝えて、何が重要かを「これでもか」というくらい説明するとよいでしょう。ただし、デザインはセンスが問われます。デザイナーによって経

験値や実力差があるのは当然のことです。ポイントをしっかり伝えてもなかなか思い通りのデザインが出ない場合は、思い切ってデザイナーを変更するというのもひとつです。

デザイナーは誰に頼むのがよいのか

できることなら、大きな実績のある有名なデザイナーにお願いしたいと思うかもしれませんが、そういった人に依頼すればコストがかさみます。代理店にお願いする場合も、往々にしてそれなりの費用がかかるものです。デザイン費用が高額なところは、経験値も高く成功例も多いことから、かなりよいデザインを出してくることが多いでしょう。

ただ、本書を読む方の多くは、あまり予算がない中でブランドを表現しなければならず、悩んでいるのではないかと思います。「デザインは費用をかけるところではない」と考えている企業も、少なくありません。しかし、費用がないからとデザインを妥協するのはよくありません。ブランドにとって、見た目や第一印象はとても重要だからです。

大手の代理店やデザイン事務所から独立した人や、デザイン協会所属のフリーランスのデザイナーなどから発掘するというのも一案です。その他、クラウドワークスやランサーズなど、クラウドソーシングを利用するという方法もあります。

デザイナーは必ずと言っていいほど作品集をもっていますので、作品集を見て気に入った人や、自社が求める「らしさ」と近い雰囲気のデザイナーを選びましょう。作品集にはデザイナー本人にとっても自慢の作品や、本気度の高い作品が収められている傾向があります。

また、デザイナーは決して下請け業者ではありません。重要なパートナーです。上から目線でお願いされたら、よいデザインを出そうとは絶対思わないでしょう。デザイナーが本気を出すか出さないかで、ブランドが成功するかどうかが変わってきます。デザイナーに本気を出してもらえるよう、こちら側の「ブランドに対する強い想い」をしっかり伝えていきましょう。

デザイナーの選定に悩んだ場合は、ぜひコンペを行いましょう。本気を出してもらうためにも、コンペは極力、有償にする方がよいでしょう。

ブランディングを行うに際しては、デザインに関する基礎知識が必要です。レイアウトの仕方や配色など、基本的なことが書かれているこちらの書籍が非常におすすめです。

『デザイン入門教室［特別講義］』坂本 伸二（ＳＢクリエイティブ）

第7章

成功が続く「ブランドの育て方」

徹底した管理がブランドの「らしさ」を守る

ブランドを運営する上では、お客さんとのすべてのタッチポイントにおいて、ブランドが「らしさ」から逸脱しないよう、しっかり管理しなくてはなりません。言い換えると、「各タッチポイントにおける一貫性のある訴求」が、ブランドの「らしさ」をつくるカギとなります。

世界観をルール化し、ガイドラインを基に管理を徹底しよう

ブランディングを行うに際して、商品パッケージや広告物、ＷＥＢサイトなど、お客さんにそのブランドを伝えるための制作物をつくることになります。

そのときに大事なのが、ルールを決めてガイドラインを構築し、ブランドを管理していくことです。ブランドの世界観と異なるもの、ガイドラインから外れたものが世に出ると、

そのブランドの「らしさ」がお客さんに伝わりにくくなるからです。

実際に、ロゴをガイドラインで規定していなかったために、アスペクト比（縦と横の長さの比率）を無視したロゴや、色が異なるロゴが印刷されているのを見たことがあります。指定フォントとは違うフォントでロゴが描かれている外箱を見たこともあります。

この場合、「らしさ」が伝わらないどころか、ロゴの管理をしっかりとしないことで、本物であるにもかかわらず外国から輸入された偽物と判断されてしまうことがあるかもしれないのです。

「らしさ」を保つには、「人」ではなく「ルール」で管理することがとても重要です。

■ロゴのガイドライン

制作物すべてにガイドラインが必須とは言いませんが、最低限、用意しておきたいのは、ブランドロゴのガイドラインです。

通常、ロゴのガイドラインには、ロゴの使い方の詳細、アスペクト比を崩してはいけないこと、背景によってロゴの色を変えることなど、カラーに関する規定が細かく示されています。次に示すYouTubeのロゴのガイドラインなどを参考にしてみてください。

YouTubeのロゴガイドライン　https://www.youtube.com/about/brand-resources/

■ブランドのガイドライン

ブランドのガイドラインには、ブランド戦略、ブランドの目指す姿、ブランドのターゲット、ブランドの提供価値などが記されています。また、商品やサービスのコンセプト、販売価格帯なども規定されています。

■デザインシステムのガイドライン

デザインシステムのガイドラインには、商品のパッケージや各店舗の基本デザインシステム、また、それぞれのフォーマットに合わせた展開デザインなどが規定されています。

■コミュニケーションガイドライン

コミュニケーションガイドラインとは、ブランドコミュニケーション上、利用可能な色を規定したカラーパレット、キービジュアル、従業員の服装がある場合はそのルールなどを、細かく決めたものです。広告や販促物を制作する際に役立ちます。

また、ブランドのイメージに合う写真、合わない写真、使ってよい表現とだめな表現など、ブランドに関わる表現方法が記載されています。

ガイドラインは、ブランドコンサルティング会社や広告代理店、デザイン会社に作成してもらって終わりではありません。何かあったらその都度、確認して、ブランドを正しく管理するためのツールです。ぜひ有効活用しましょう。

ただし、ブランディングに携わる中では、ガイドライン通りにいかないこともしばしば出てきます。そういったときは、都度ブランドの責任者を中心として、「らしさ」を崩さないよう、新しいルールをつくっていってください。デザインに関することであれば、デザイナーに相談しながら進めていくのがよいでしょう。

ガイドラインは、しっかりつくり込むととても費用がかかります。多くの人や企業が関与する商品の場合は、ブランドの一貫性を保つ上でもガイドラインをつくった方がいいのですが、小規模のブランドであればロゴのガイドラインのみを作成し、デザインを担当する人がルールを決めるやり方でも問題はありません。

ブランド管理は、品質を管理することと同じ

日系企業のメーカーの多くは、品質を管理する部署を持っているはずです。日本製の品質が良いと言われるのも、この品質管理体制が徹底されているからと言えるでしょう。

つまりそれは、品質が分厚いマニュアルで管理され、製品は最終製造工程で品質保証担当の承認を得てから出荷されているということです。お客さんに不良品が届かないよう、管理体制が整っているのです。

しかし、ブランドを管理する部署を持つ企業は、少ないのではないでしょうか。

私は、ブランドを管理することは、品質を管理することにとても似ていて、それと同じくらい重要だと思っています。

ブランドの管理は、品質管理のように人間の生命に関わることはなくとも、失敗すればブランド自体の生命に関わってきます。もし知らぬ間に、青やピンクのロゴのセブン‐イレブンが出てきたら、お客さんはセブン‐イレブンがあることに気づかないかもしれません。ブランド専門の部署が管理し、ブランドの責任者や管理部署が承認したもの以外は、世に出ないようにしなくてはいけないのです。

これは、日本の印刷工場で現場立ち会いをしたときに聞いた話ですが、ある超大手のヨーロッパ企業は、商品のパッケージを印刷する際、ロゴとデザインがしっかり印刷されているかを管理するために、わざわざヨーロッパからその印刷所まで立ち会いに来るのだそうです。わずかな色の違いも許さないという姿勢のもと、立ち会いをしてまで徹底的にロゴやデザインを管理しているのです。

やり過ぎと思われるかもしれませんが、統一感のあるブランドを築いているところは、細かいところまで徹底してブランド管理を行っているということです。

多くの人を巻き込み「自分ごと化」させる
〜インナーブランディングの重要性

どれだけテレビや新聞などの広告を通じたコミュニケーションをしたとしても、お客さんとの接点で従業員がブランドの「らしさ」と違うことをしてしまっては、ブランドを正しく理解してもらえません。

例えば、低価格を実現し、安全や誠実さを売りにしているブランドがあったとします。その営業担当が、自身のおしゃれだからいいではないかと言って、海外製の高級スーツに高級腕時計で顧客を訪問し、上から目線で話したとしたら、お客さんはどう感じるでしょうか。その営業からは、ブランドとして重要な安全性や誠実さは伝わらないはずです。むしろ、「そんなに儲けて私を騙そうとしているのではないか」と、警戒心を与えてしまうかもしれません。

ブランディングにおいては、「受け手がどう感じるか」が重要です。

そして、ブランドづくりを成功させるには、ブランドに関わるすべての人が、何が課題で何をすべきなのかを把握し、目指す姿を確認し、目標に向かって行動できていることがポイントになります。

そこで必要なのが、従業員へのブランド教育、「インナーブランディング」（インナーコミュニケーション）です。これは「全従業員へブランドのビジョンや価値観を理解・浸透させ、行動を促すための活動」のことで、インナーブランディングにおいては、単なる商品説明とは異なり、課題や「なぜ今ブランディングを行っているのか」を経営者が中心となって伝えることがとても大事です。

インナーブランディングの施策には様々あり、具体的には次のようなものがあります。

・ブランドブック（社内向けにブランドコンセプトをまとめた冊子）の配布
・ブランドムービーの配信
・社内報、社内ブログの制作
・ワークショップの実施
・ブランドセミナーの開催
・ブランドアンバサダー（社内にブランドを広めるブランド大使）の設置

その他、イベントを開催したり、従業員向けのキャンペーンを実施したり、オシャレなユニフォームに一新するなど、企業によってやり方は様々です。

上からの指示で強制的に実行するというよりは、従業員が楽しめて、自らやりたくなるような内容であることが望ましいでしょう。

インナーブランディングを成功させるポイント

■経営層からの強い想いやメッセージの発信は必須事項

「経営層からの強い想いやメッセージの発信」は、インナーブランディング成功のカギとなります。

ただし、内容が強制や強要だとうまくいきません。あくまでも、従業員の心に変革をもたらすことを念頭に置いて行うことが肝心です。

メールや社内ＷＥＢサイト、社内報などで文字のコミュニケーションを行うことも大事ですが、会議や食事会など、従業員と直接会う機会を設け、経営層から相手の心に訴えるように想いを伝えるとよいでしょう。

また、直接顔を合わせるという意味では、セミナーやワークショップも効果的です。

私はこれまで、様々な企業のセミナーで「ブランドとは何か」「なぜブランディングに力を入れるのか」「今までの課題は何か」「課題解決のために何をすべきか」といったことを話してきました。また、ワークショップでは、「みなさんのブランドの『らしさ』って何ですか?」と問い、一人ひとり考えてもらうようにしています。こうした話を直接伝えることで、重要性がより深く伝わりますし、従業員の方みずからが考えてみることで「自分ごと化」できる（「自分のこと」として捉えられる）ようになるからです。

■配布物は読んでもらえるよう工夫を凝らす

ブランドブックは、そのブランドにとってバイブルになるので、社内浸透活動で従業員に配布するのはとても効果的です。ただし、文字の割合が多すぎると読んでもらえないかもしれないので、工夫を凝らすとよいでしょう。

イオンの場合、漫画家の本宮ひろ志氏が監修した「すべてはお客さまのために」という社内教育向けの漫画があります。これを読むことで、イオンの歴史と精神について、わかりやすく学ぶことができます。文字ばかりだと読まない人も多いかもしれませんが、これは本宮先生の漫画によって、読みたくなるような仕立てになっているのです。

他にも、雑誌風にしたり、あるいは現代的なインスタグラム風にする方法もあります。どんな方法が合うかをよく考えて、そのブランドらしい制作物をつくるとよいでしょう。


ただし、担当者がどんなに魂をこめてブランドブックをつくり、それを従業員が読んでくれたとしても、従業員のマインドがすぐ変わるわけではありません。インナーブランディングは、従業員一人ひとりの心に訴えかけていく地道な作業です。大変なことではありますが、従業員の心の変革なくしてブランドの成功はありえません。

インナーブランディングを行っていると、費用対効果が見えづらいことから、社内に様々な意見が出てくるでしょう。そのときは本音をぶつけ合い、従業員の心にブランドの重要性を地道に訴え、よりよいブランドに育てていきましょう。

■映像でのコミュニケーションも心に刺さる

さらに、従業員向けにインナーブランディング用の動画を制作するという手もあります。映像や音声から伝わる情報は、特に若手スタッフの心には響きやすいかもしれません。

以前、ある日本を代表する大手企業の社長にお会いしたときに、インナーブランディングの動画を見せていただいたのですが、非常に素晴らしい内容でした。従業員とお客さんとの感動ストーリーをたくさん集めたもので、「A社のKさんがいたから本当に助かった」「A社はこの町になくてはならない存在」といった、お客さんのリアルな声が詰まっていたのです。その企業がいかに地域に根ざし、そのブランドが世の中になくてはならない存在になっているかが、よくわかる内容でした。

それを見た多くの従業員が涙を流していたそうで、私も見てみて本当に感動しました。広報の方も「決して会社の利益のためだけでなく、お客さんのためになり、社会に貢献している。うちの社員らしい行動」と話していたのがとても印象的でした。

従業員に愛着がなければ、お客さんには絶対伝わらない

なぜインナーブランディングを行うのかと聞かれたら、私はこう答えます。「従業員に愛着がなければ、お客さんには絶対に伝わらないからです」と。

ブランドは「ロゴやデザインを綺麗にすること」と思っている方もいるかもしれません

が、それは、外見だけ綺麗にして中身を磨かない人間となんら変わりありません。つまり人間同様、ブランドの〝内面〟を磨いて初めて強いブランドがつくられるのです。

従業員一人ひとりの行動や振る舞いは、まさにその〝内面〟です。強いブランドをつくるには、「いかに従業員がブランドに愛着を持ち、目指すべき姿を理解し、それに向かって行動できるか」が重要となってきます。言い換えれば、従業員にブランドへの理解や愛着があってこそ、様々なタッチポイントにその思いが反映され、お客さんにブランドの「らしさ」が伝わるのです。

誰しも、自らが嫌いな商品や嫌なサービスは無理に売りたくはないでしょう。もし無理に売れば、罪悪感すら生まれるかもしれません。だからこそ、つくり手は、お客さんの期待を超えるような商品やサービスにするのはもちろんのこと、従業員が誇りを持てるブランドになるよう、最大限努力しなくてはなりません。「この会社で働けてよかった!」と思ってもらえるようなブランドづくりをしていきましょう。

広告に頼らずにブランド認知を高める方法

インナーブランディングが社内向けであるのに対して、お客さんや株主、取引先など外向けに対して行うブランディング活動を「アウターブランディング」（アウターコミュニケーション）と呼びます。

アウターブランディングの対象は、テレビや新聞、ネット記事などの「宣伝広告」、展示会やポップアップショップなどの「イベント」「販促キャンペーン」といったものが挙げられます。

また最近では、ＫＯＬ（キーオピニオンリーダー）や、インスタのフォロワー、YouTuberと連携した施策などもあり、すべてを並べてはきりがありません。

ここからは、なるべくお金をかけずにしっかりアウターブランディングを行える手法についいて、ご紹介したいと思います。

メディアに「記事」としてブランドを取り上げてもらおう

効果的な施策もあるものの、以前と比べると、広告が効きづらい時代に入ってきています。自社メディアの訪問者数や、ＳＮＳのフォロワー数が増えないなど、認知向上に苦労している人も多いでしょう。一人でも多くのファンを獲得するためには、一人でも多くの人にブランドを認知してもらう必要があります。そこでおすすめなのが、広告出稿に費用をかけず、効果的にブランドの認知度や好意度を上げる方法です。

まずは、新聞や雑誌、ＷＥＢなどのメディアに、「記事」として自社のブランドを取り上げてもらうことです。なぜなら、広告と比較すると、それらのメディアの記事は信頼度が高いからです。自分から自分の良さを直接相手に伝えるより、信頼する人を介して伝わった方が、より信じてもらえるということと同じです。

しかも、記事が掲載されても、広告ではないので基本的にお金はかかりません。

また、ＷＥＢ上のメディアに掲載されれば、記事としてオンライン上に残るので、いつでも検索画面で自社のブランドを知ってもらうきっかけが増えるのです。

ただしこれは、現実的にはそう簡単ではありません。記者が「面白い」とか「興味深い」と思わないと書いてもらえませんし、メディアは公平性を保つため、1社だけを優遇するという立場をとらないものです。多くの人の興味を引く記事、読み手が何かしら利益を得られる記事でないとだめなのです。また、記事として取り上げられるということには、否定的なことも書かれてしまうというリスクがあります。

しかし、良い商品やサービスをお客さんに届けたい、お客さんにとっても価値があるものを、メディアを通じて知ってほしいという真摯《しんし》な思いがあれば、記者には絶対伝わるものです。記事として取り扱ってもらうコツは次の3つです。

1―リリースは必ず配信

ニュース性のある情報は、「プレスリリース」を必ず配信しましょう。これを出すことで、商品の問い合わせも増えます。プレスリリースを配信しなければメディアは情報を知りようがなく、記事にはなりません。

プレスリリースの配信はPR TIMESや@Pressなどの配信代行サービスを利用しましょう。代行業者は、1回により多くのメディアに配信してくれるのが特徴です。

私の知るある企業でも、非常に画期的な新商品をつくっているなど、ニュース性の高い情報がたくさんありながら、リリースを発信していないことでメディアが取り上げていないということがありました。とてももったいないので、ぜひ配信していきましょう。

2―リリースは工夫を凝らす

リリースを受け取った記者が必ずしも読んでくれるとは限りません。記者は忙しい上に1日に何通もリリースが届くので、よほどの内容のものでないと見てくれないでしょう。

リリースは文字ばかりでつまらないという記者もいます。ビジュアル入りでわかりやすいリリースをカラー印刷し、実際に商品があれば送るというのも一つです。50社に送れば、少なくとも1社くらいは興味を持ってくれるはずです。とにかく自分たちの良さを押しつけるのではなく、記者の立場になって考えることが重要です。

また、自社のブランドと関連性の高い専門誌などのメディアがあれば、積極的に記者とコンタクトを取り、取材につなげていきましょう。メディア側も常にニュースが欲しいものです。記者とよいコミュニケーションを取り続けることも忘れないようにしましょう。

3―リリースには記者が記事として取り上げたい内容を埋め込もう

記者が記事として取り上げたいことがいくつかあります。それをリリースに埋め込むことで、記事となる確率が高くなります。

例えば、新商品発売などの「新」や、日本初・業界初などの「初」が付く、新規性があるものはニュースになりやすいでしょう。また、社会問題への取り組みもニュースになりやすいので、自社の新商品がいかに環境に貢献しているかを書くのも良いでしょう。あるいは、季節に則した内容も、ニュースになりやすい要素の一つです。乾燥する季節になれば乾燥のお肌対策、受験シーズンになれば受験対策などが記事になるでしょう。

このように、読み手が気になる情報を配信することで、ニュースになりやすくなるのです。タイミングがとても重要です。真夏の対策に関連するニュースを秋にメディアに配信しても、見向きもしてもらえないのは当然のことでしょう。

参考　ITmediaエンタープライズ「メディアに火を付けるコツ」太田滋
https://www.itmedia.co.jp/enterprise/articles/0910/02/news002.html

メディアに掲載されることは、商品検索の窓口にもなりますし、インフルエンサーや口コミ人のネタ元となりますので、積極的に行うことをおすすめします。ブランドの担当者がＰＲに時間を割くことができなければ、社内の広報・ＰＲ担当者や、専門のＰＲ会社に依頼する手もあります。

オウンドメディアを積極的に活用する

ブランディングを一生懸命行っていると、ネット上で口コミが広がることも考えられますし、いつどのメディアが取り上げてくれるかわかりません。そのときに検索先の受け口がないのはもったいないので、ＷＥＢサイトやＳＮＳなど、自社ブランドのオウンドメディア（Owned Media＝「自社で保有するメディア」の総称）を積極的に制作し、活用するようにしましょう。

具体的なノウハウはＷＥＢマーケティングの専門書にゆずるとして、まずはブランド名でドメインを取得することをお勧めします。ドメインとは、簡単に言うとインターネット上の住所のことで、とても簡単に、低額で取得することができます。

Ⓐ http://ブランド名.jp/　または　http://ブランド名.com/

Ⓑ http://www.会社名.co.jp/ブランド名/

Ⓐのように、自社のコーポレートサイトの下にブランドサイトがぶら下がっている場合は、ブランドサイトのドメインを取得後、Ⓑのページから Ⓐのページにリダイレクトするように設定すると、せっかく来たお客さんが迷わず到達できるでしょう。

また、意外とできていないのがファビコン（ブラウザのアドレスバーやタブの横に示される、WEBサイトの小さいシンボルマーク）の表示です。Googleなら「G」の、Facebookなら「f」のアイコンが表示されています。ブランドとしてとても目立つので、ぜひファビコンを制作して登録してみてください。URLといいファビコンといい、重要なことはブランドの「らしさ」を表現するために細かいところまで気を配ることです。

インフルエンサーに取り上げてもらう

ユーチューバーやインスタグラマーなど、インフルエンサー（特にインターネット上で影響力の強い人のこと）にSNS上で取り上げてもらうのも一つです。企業の広告よりも口コミが信じられる傾向にある昨今、インフルエンサーを活用したブランディングは、広告出稿と比較して、費用を抑えてブランドのファンを獲得できる可能性があります。

ブランドターゲットの属性に近いインフルエンサーのフォロワーには、同じくブランドターゲットの属性に近い人が多いことが考えられるので、優良なフォロワーを持つインフルエンサーに口コミをしてもらうのは、とても効果的です。

フォロワー数が100万人にせまるトップインフルエンサーもいれば、1万人ほどのマイクロインフルエンサーもいて、目的に応じて選ぶことが可能です。当然フォロワー数が多いと費用がかかるということになります。

商品のブランド認知であれば、サンプル配布やインフルエンサー向けのイベントを開催するなど、広告出稿より効果的な場合がありますので、検討する価値はあるでしょう。

ただ、注意しなくてはならないのは、ステマ（ステルスマーケティングの略で、いわゆるフォロワーを欺く〝やらせ投稿〟のこと）になってしまわないようにすることです。インフルエンサーに商品を提供したり、謝礼を支払った上で、商品の紹介を依頼する場合は、「＃協賛」「＃提供」「＃ＰＲ」などの広告に関する明示がされなければステマになってしまうので、注意しましょう。詳しくは次のガイドラインをご覧ください。

ＷＯＭマーケティング協議会 ＷＯＭＪガイドライン https://www.womj.jp/85019.html

インフルエンサーマーケティングは、ステマのリスクがあったり、インフルエンサー一人ひとりとやりとりするのが煩雑というケースもあります。不慣れな方は、専門の業者に任せるとよいでしょう。

クラウドファンディングを活用する

もし特徴のある新商品を開発できそうであれば、Makuakeなど、クラウドファンディングを利用するのも一案です。クラウドファンディングとは、「クラウド（群集）」と「ファンディング（資金調達）」を組み合わせた造語で、ネット上でやりたいことを発表し、賛同してくれる方から資金を集める仕組みのことを言います。

クラウドファンディングには、開発資金を調達できるというメリットに加えて、ブランドの特徴ある商品をサイト上に登録することで、商品やブランドをPRできるという利点もあります。応援がたくさん集まり、人気が出れば、メディアに取り上げてもらえる可能性も高まります。さらに、サイト上に情報が残るので、検索されやすくなるというメリットもあります。

もはや売って終わりの時代ではなくなった

スマートフォンの登場で、ここ数年ビジネスを取り巻く環境ががらりと変わりました。

ブランディングは「商品価値」が重要とされた時代、「体験」が重要とされた時代を経て、現在では「共創」が重要な時代とも言われています。つまり、企業側だけでブランドづくりをするのではなく、企業と顧客で共にブランドを創っていくという時代です。

それはSNSの普及により、企業発信だけだった以前と違い、消費者側から発信できるようになって格段に情報量が増え、消費者の購買行動が劇的に変化したことが、大きく関係していると言えます。消費者が購入した後に、ブランドはSNSで発信するような影響力のある消費者とどう関係性を築いていけるかが重要になってきているのです。

フィリップ・コトラーは著書『コトラーのマーケティング4.0』において、以前の消費者の購買行動「AIDMA」に変わる新たな行動プロセスを、スマートフォン時代のカスタマー・ジャーニー「5A理論」というフレームワークで再定義しました。図7−1

■購買決定プロセスAIDMA

注目（Attention）　その商品の存在を知る
興味（Interest）　興味を持つ
欲求（Desire）　欲しいと思う
記憶（Memory）　記憶する
行動（Action）　購入する

■5A理論

認知（Aware）　友達に勧められたりネット情報を見たりして、その商品を認知する
訴求（Appeal）　欲しいと思い、好きになる
調査（Ask）　友達に聞いたりネットで調べたりすることで、良いと確信する
行動（Act）　購入し、利用する
推奨（Advocate）　非常に良いと思ったので使いつづけ継続的に購入し、家族や友人にも推奨する

7-1 5A理論

	考えられる顧客タッチポイント	顧客の主な感想
認知 (AWARE)	・他者からブランドのことを聞かされる ・たまたまブランドの広告に触れる ・過去の経験を思い出す	知っている
訴求 (APPEAL)	・ブランドに引きつけられる ・検討対象にする少数のブランドを選ぶ	大好きだ
調査 (ASK)	・友人に電話をしてアドバイスを求める ・オンラインで製品レビューを検索する ・コールセンターに電話する ・価格を比較する	よいと確信している
行動 (ACT)	・店舗かオンラインで購入する ・その製品を初めて使う ・問題について苦情を言う ・サービスを受ける	購入するつもりだ
推奨 (ADVOCATE)	・そのブランドを使いつづける ・そのブランドを再購入する ・そのブランドを他者に推奨する	推奨するつもりだ

資料：『コトラーのマーケティング4.0』（朝日新聞出版）図5-2を元に作成

ＡＩＤＭＡが「購入してもらうこと」をゴールとしていたのに対して、ＳＮＳ普及後の５Ａ理論では、「推奨してもらうこと」をゴールとしています。

企業側からの「我々を知ってください。そして、買ってください」という訴求の時代が終わり、共創ブランディングの時代は、「購入者が購入後に自発的に推奨したくなるようなコミュニケーションを、いかにブランド側が取れるか」という時代になってきているのです。

購入後の密着性の高いコミュニケーション実施例

アメリカのＤ２Ｃ（Direct to Customerの略。メーカーが直接お客さんとＥＣサイトなどで取引を行うビジネスモデルのこと）のスーツケースブランド「ＡＷＡＹ」をご存じでしょうか。２０１５年にニューヨークで生まれ、中心価格が１つ２５０ドルと安価ながら、質と世界観で売っているブランドです。RIMOWAやSamsoniteなどの高級スーツケースとは一線を画し、創業3年で売上４００億円超となり、現在大成長を遂げています。

そんなＡＷＡＹの成功要因の一つは、購買後のコミュニケーションのうまさだと言われています。AWAYでは「モノ」としてのスーツケースを売るのではなく、「旅のある生活」という価値を提供し、購入者に対して、SNSや自社出版の雑誌（Here）を通じて発信し、積極的にコミュニケーションを取っているのです。

実際、インスタグラムには、スーツケースが写っていない画像も投稿されており、あくまで「旅のある生活」という世界観を表現しています。また、50万人を超えるフォロワーも積極的に発信し、さらに公式インスタグラムでは、投稿に対してほぼすべて返答しているというから驚きです。

このようなコミュニケーションを取ることにより、ファンが増え、そのファンが旅に関する同ブランドの関連商品を購入することで、さらに売上が伸びているそうです。今後もD2Cのブランディングからは目が離せません。

推奨（Advocate）のことを考えたパッケージデザイン

5A理論では「推奨」をゴールとしているわけですが、そこには2つ意味があります。

1つは、購入したお客さんが、SNS上で「これよかったよ」と友人知人に紹介するということ。もう1つは、「私はこれを使っている人間なんだ」という自己表現的な意味合いです。第5章でお伝えした、「自己表現的価値」があるかどうかが、より重要になってくるということです。

例えばドラッグストアに並ぶ商品は、原色を使い、大きな文字で機能を訴求しているものが目立ちます。大量の商品が陳列されていて、一瞬で通り過ぎてしまうお客さんに「私ここにいるよ！」とアピールしなくてはならないので、当然といえば当然でしょう。

しかし昨今では、派手なパッケージの商品を自分のまわりに置きたくないというニーズから、デザインセンスのある日用品が登場しています。LOHACOやマツモトキヨシ、カインズなどで、暮らしのファッションを意識したスタイリッシュなデザインの商品が増えてきています。

主婦にとって、キッチン回りは自己表現の場でもあります。以前は、ママ友が遊びに来ることで「私のキッチン」の自己表現ができ、承認欲求が満たされていました。現在では、SNSの発達によって自己表現がしやすくなりました。

それに伴い、ブランドの「らしさ」を訴求するパッケージデザインは、商品が店頭で目立つことよりも、消費者の自己表現欲求を満たすためのツールになってきているのです。

現在地と目指す姿とのギャップを常に確認する

ブランドの目指す姿はどこなのか。それと比較して自分のブランドは一体いまどの辺にいるのか。ブランディング活動では、常にそれを確認しなければなりません。昨年より良くなったのか悪くなったのか、どこをどう改善すべきかなど、定期的に測定していきましょう。

例えば、ブランドが求める「らしさ」が「快適なくつろぎ空間」だったとします。しかし、お客さんへのアンケートで「快適なくつろぎ空間」があまり提供できていないということがわかったのなら、どこが原因で何が課題かを確認し、課題を解決するための施策を打たなければなりません。

人間が健康診断を行うのと同じように、ブランドも毎年健康状態を確認して、未充足の部分を克服し、最高の状態に持っていきたいものです。調査はサービスが提供できる地域に限定して行い、以下を中心に測定していきましょう。図7-2

7-2 ブランドのチェック項目

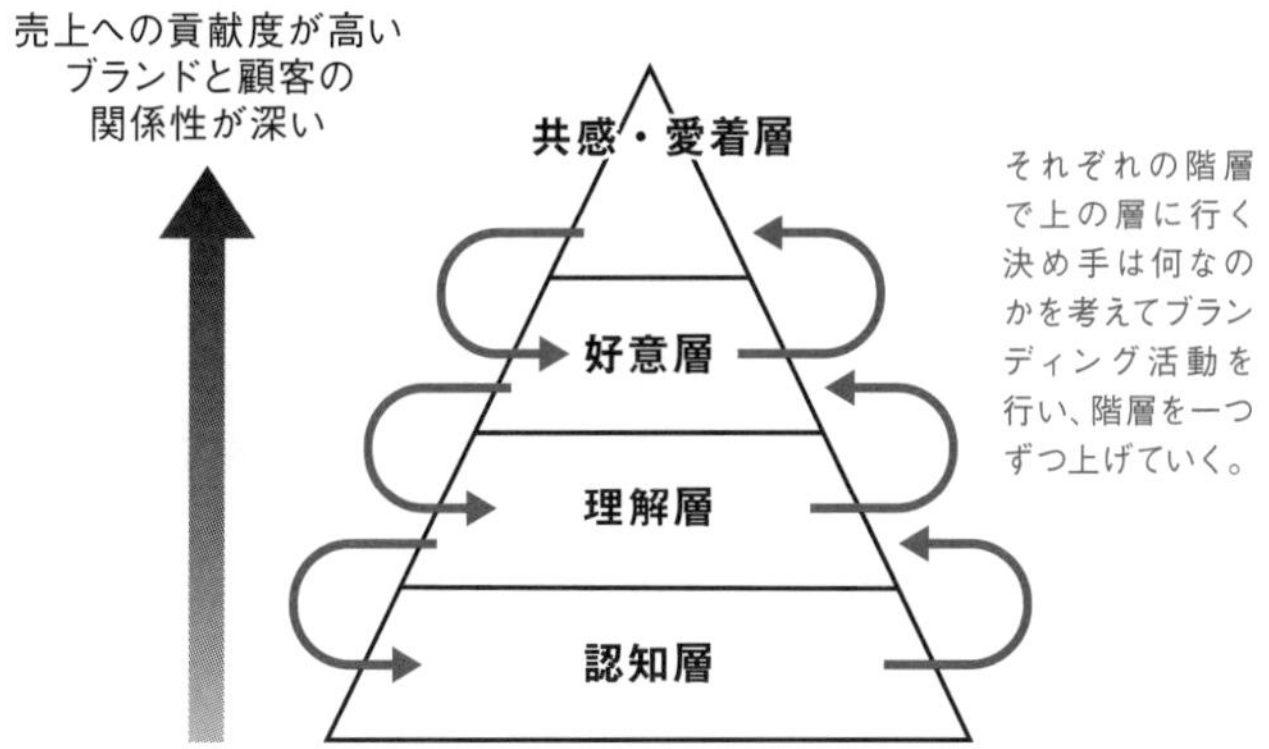
売上への貢献度が高い
ブランドと顧客の
関係性が深い
共感・愛着層
好意層
理解層
認知層
それぞれの階層で上の層に行く決め手は何なのかを考えてブランディング活動を行い、階層を一つずつ上げていく。

■認知度

どれくらいの割合でブランドが認知されているか。ベンチマークとしている競合と比較して、認知率はどれくらいか。

■理解度

ブランドを認知している人の中で、どれだけの人がブランドの特徴や提供する商品・サービスを理解しているか。

■好意度

ブランドを理解している人の中で、どれだけの人がブランドに好意を持っているか。

■愛着度

ブランドに好意を持っている人のうち、どれだけの人が友人に利用を促してくれたり、口コミを行ってくれたり、推奨してくれたりしているか。ブランドロイヤリティ（ブランドへの忠誠心）の高い人がどれだけいるか。

1年に1度の頻度でトラッキングし、ＫＰＩ（重要業績評価指標）を設定するなど、目標を管理するとよいでしょう。もちろん予算が許されるなら、調査会社を利用して、以上の4つ以外も詳細に確認したいところです。

また、定期的にお客さんを集めた座談会やグループインタビューを行ったり、利用者にアンケートを取るなど、常に顧客満足度やリピート意向もチェックしましょう。具体的な改善事項が見つかれば、改善できるところは改善し、ＰＤＣＡを回してより良いブランドに育てることを心がけてください。

ブランドの本質的なところを残しながら、変えていく

世界は日々刻々と変化しています。今日の常識は明日の非常識となりうることを忘れてはなりません。顧客のマインドや望むことも、時とともに変わっていきます。

十数年前にはスマートフォンはありませんでした。インターネットが普及する以前は、どこかへ行くとなれば地図を印刷し、普及後しばらくはネットで検索して地図をプリントアウトしていました。しかし、現在はスマホが持ち運べる地図として機能しています。そして、それが当たり前となっています。

こんな風に、たった10年で常識が非常識になるのです。５Ｇや６Ｇの時代になれば、もっともっと変化は大きく、激しくなるでしょう。そうなれば、お客さんがブランドに求めることも少しずつ変わってくるはずです。

トレンドが変われればデザインの傾向が変わります。ロゴのデザインを少しずつ、もしくは大胆に変更しなくてはならないこともあるでしょう。新しいＳＮＳが広まれば、それに対応しなければならないこともあると思います。常に時代の変化に合わせていく必要があり、お客さんのニーズを早く把握して応えることができなければ、ブランドは衰退していってしまうでしょう。

といっても、何でもかんでも変えていけばいいというものではありません。重要なことは、「ブランドの本質的なところは残し、時代に合わないところは新しくしていく」ということです。

例えば、お客さんに「新しさと驚きを常に提供し続ける」というのがブランドの提供価値であるとすれば、今までリアル店舗しかなかったとしても、Ｅコマースで提供すべき価値は変わらないでしょう。お客さんもそのブランドに「新しさと驚き」を求めているからです。

つまり、時代やお客さんのニーズが変化しても、時代に合わせて変えていくところは変えていきつつ、ブランドの本質的なところは変えずに残す、ということです。

私は、「ブランドは一日にして成らず」だと思っています。ブランドは時間をかけて育て、お客さんの頭の中に築かれていくものだからです。

今後ますます競争が厳しくなれば、どうやって競合と差別化していくかを考えたとき、技術的な優位性があまり出せない昨今においては、ブランドの力を借りて差別性を出していくよりほかはないでしょう。

ブランディングは決して難しいものでもなければ、大手企業だけのものでもありません。

簡単なことではありませんが、少しずつやれるところから進めていっていただければと思います。ぜひ、自社ブランドの「目指す姿」は何かを考え、時代を超越し、普遍的で、長期にわたってお客さんに愛されるブランドを構築していってください。

おわりに

そう遠くない過去、トヨタや日産、ＳＯＮＹといったジャパンブランドが世界を席巻していましたが、近年では中国、台湾、韓国などのブランドに押されがちです。特に海外を訪れると、アジア諸国がブランディングに力を入れ始めていることをひしひしと感じます。

そんなとき、日本の製品は品質で負けたわけではなく、「ブランドの力」の差が大きいのではないかと改めて思うのです。

日本ではまだまだブランディングというものが浸透しておらず、大手が行うものだと思っている人も少なくないようです。であれば、「やったもの勝ち」だと思いませんか?

長年、この仕事に携わってきてわかったのは、「強い想いさえあれば、ブランドづくりは誰にでもできる!」ということです。成功するという信念を持っている人やブランドは、やはり強い。もし、結果がすぐに出なかったり、まわりと意見が合わず辛い思いをしたとしても、とにかく最後までやり続けてほしいと思います。

ブランドの信頼というのは人が信頼されることと同じで、一朝一夕に結果が出るものではなく、困難を感じることもあるかもしれません。しかし、私が行うブランディングは決して難しいものではなく、セオリー通りに進めて成功しています。

この仕事をしていて良かったと思うのは、ブランドの力で実際に売上が上がったときです。「いい世界観をつくった」と思ったところで、売上が低ければ評価されません。それは営業や開発などの担当者も同じで、皆さんプレッシャーの中で戦っていると思います。

そんな彼らから、「ブランドの力で売れました！」と言われたら、担当者冥利に尽きるというものです。ぜひ皆さんにもそれと同じ気持ちを味わってほしいですし、ひいてはブランドの力で、再び日本が強くなっていくと信じています。

最後になりますが、本書を出版するにあたり、ここに名前を書ききれないくらい、本当に多くの方にお世話になりました。紙幅の都合上、すべての方のお名前を書くことはできませんが、この場をお借りしてお礼申し上げます。特に執筆を陰ながら支えてくれた家族に「ありがとう」の言を贈ります。また、出版の機会を頂いた出版プロデューサーの松尾昭仁さん、青春出版社の編集担当の嶋田さんに深く感謝申し上げます。

新型コロナウイルス禍の一日も早い終息を祈りつつ――。

乙幡　満男

主要参考文献

ブランド・リーダーシップ「見えない企業資産」の構築：デービッド・A. アーカー、エーリッヒ・ヨアヒムスターラー 共著／阿久津聡 訳／ダイヤモンド社

ブランド論：デービッド・アーカー 著／阿久津聡 訳／ダイヤモンド社

ブランディング 7つの原則【改訂版】：インターブランドジャパン 編著／日本経済新聞出版社

ブランディング 7つの原則【実践編】：インターブランドジャパン 編著／日本経済新聞出版社

ブランディング：中村正道 著／日本経済新聞出版社

デジタル時代の基礎知識『ブランディング』：山口義宏 著／翔泳社

小さな会社を強くする ブランドづくりの教科書：岩崎邦彦 著／日本経済新聞出版社

ブランド戦略論：田中洋 著／有斐閣

図解でわかる ブランドマーケティング［新版］：博報堂ブランドコンサルティング／日本能率協会マネジメントセンター

コトラーのマーケティング4.0 スマートフォン時代の究極法則：フィリップ・コトラー、ヘルマワン・カルタジャヤ、イワン・セティアワン 共著／恩藏直人 監修／藤井清美 翻訳／朝日新聞出版

USJを劇的に変えた、たった1つの考え方　成功を引き寄せるマーケティング入門：森岡毅著／角川書店

ブランディング22の法則：アル・ライズ、ローラ・ライズ 共著／片平秀貴 監訳／東急エージェンシー

D2C「世界観」と「テクノロジー」で勝つブランド戦略：佐々木康裕 著／NewsPicksパブリッシング

著者紹介

乙幡満男（おとはた　みつお）

1974年生まれ。株式会社ブランドテーラー代表取締役。日本マーケティング学会会員。日本ブランド経営学会会員。

大学卒業後、メーカーにて商品開発を担当。数多くのヒット商品を世に出し、特許も取得。米国クレアモント大学院大学ドラッカースクール卒業（MBA）ののち、米系コンサルティング会社で、イオンのPBのブランディングに従事。

2014年マツモトキヨシに入社。同社のPB「matsukiyo」など新しくブランドを立ち上げた。ブランド全体の売上・利益向上に貢献し、世界最大手のブランドコンサルティング会社が主催する「Japan Branding Awards 2018」最高賞受賞に導いた。

2018年にブランド開発及び商品開発のコンサルティング会社を創業し、現在、大手流通やメーカーなど様々な企業のブランドコンサルタントとして活動中。

ブランディングが9割《わり》

2020年7月1日　第1刷
2023年3月15日　第7刷

著　　者　乙《おと》幡《はた》満《みつ》男《お》

発 行 者　小澤源太郎

責任編集　株式会社　プライム涌光
電話　編集部　03(3203)2850

発 行 所　株式会社　青春出版社
東京都新宿区若松町12番1号 〒162-0056
振替番号　00190-7-98602
電話　営業部　03(3207)1916

印　刷　中央精版印刷　製　本　フォーネット社

万一、落丁、乱丁がありました節は、お取りかえします。

ISBN978-4-413-23161-9 C2034

朝30分早く起きるだけで仕事も人生もうまく回りだす
「夜型だった」自分が残業0、収入3倍、自分の時間10倍になった黄金時間活用術
菊原智明

朝1分！「顔の骨トレ」で10歳若くなる！
「しみやたるみ」は骨の老化が原因だった
山本江示子　山本慎吾［監修］

なぜ、身近な関係ほどこじれやすいのか？
心に溜まったモヤモヤが晴れてくる！アサーティブの魔法
森田汐生

図で見てわかるオーソモレキュラー栄養療法
うつがよくなる食べ物、悪くなる食べ物
溝口　徹

AIを超える！
子どもの才能は「脳育体操」で目覚めさせる！
南　友介　泉原嘉郎［監修］

青春出版社の四六判シリーズ

世界に出ても負けない子に育てる
ビジネス、スポーツ、人生で求められる4つの力の伸ばし方
玉井満代

いつでも100％の力を発揮できる心の整え方
東　篤志

科学はこう「たとえる」とおもしろい！
左巻健男

脳が忘れない英語の「超」勉強法
16万人の脳画像を見てきた脳医学者が自ら実践！
瀧　靖之

巣立っていく君へ母から息子への50の手紙
覚えていてほしいこと、今、贈るね
若松亜紀

お願い　ページわりの関係からここでは一部の既刊本しか掲載してありません。
折り込みの出版案内もご参考にご覧ください。